ZAHLENMAGIE DER RAUHNÄCHTE

0 1 2 3 4 5 6 7

NGL

ZAHLENMAGIE DER RAUHNÄCHTE

Numerologie und Engelszahlen als Wegweiser – entdecke verborgene Botschaften und finde Klarheit in den 12 magischen Nächten

Bibliografische Information der Deutschen Nationalbibliothek: Die Deutsche Nationalbibliothek verzeichnet diese Publikation in der Deutschen Nationalbibliografie; detaillierte bibliografische Daten sind im Internet über dnb.dnb.de abrufbar.

Verantwortlich für den Inhalt:
Michaela Lamprecht
NGL Verlag
A-8343 Bad Gleichenberg
Trautmannsdorf 79

ISBN Taschenbuchausgabe: 978-3-9505489-2-1
Druck & Vertrieb: Amazon KDP (On-Demand-Druck Details letzte Seite)

ISBN Hardcoverausgabe: 978-3-9505489-3-8
Verlag & Druck: BoD · Books on Demand GmbH,
Überseering 33, 22297 Hamburg, bod@bod.de

Das Flüstern der Zahlen

Als Mila an diesem Abend still wurde –
und mit ihr die Welt um sie herum –,
war da plötzlich ein feines Klingen in der Luft,
wie das leise Aufatmen eines Sterns.
Ein Hauch von Erinnerung,
die mehr gespürt als gehört werden wollte.

Sie schloss die Augen –
und vor ihr begannen sich Zahlen zu zeigen.
Erst zögerlich, dann immer klarer,
wie Lichtgestalten mit eigener Sprache.

Die Eins schritt voran, mutig und klar,
flüsterte: „Vertraue dem Anfang."
Die Zwei legte sich wie eine sanfte Welle um sie:
„Alles ist verbunden."
Die Drei tanzte – leicht, verspielt, lebendig.
Die Vier setzte sich an ihre Seite
und schenkte ihr Boden unter den Füßen.
Und die Null schwebte darüber,
still und weit, wie ein Kreis aus Licht.

Da verstand Mila:
Zahlen sind nicht nur zum Rechnen.
Sie sind Wegweiser aus einer älteren Sprache,
Tore zwischen Himmel und Erde,
Botschaften des Lebens, das sich selbst erkennt.

Und jedes Mal,
wenn sie einer Zahl begegnete,
hörte sie ihr Herz
ein kleines bisschen deutlicher sprechen.

ZAHLEN SIND DIE LEISE SPRACHE DES UNIVERSUMS – WER LAUSCHT, ERKENNT SICH SELBST DARIN.

INHALTSVERZEICHNIS

JEDE ZAHL TRÄGT EINEN SCHLÜSSEL – ÖFFNE SIE MIT DEINEM HERZEN, NICHT MIT DEM VERSTAND.

VORWORT

Die Rauhnächte sind für mich eine Zeit, in der die Welt für einen Augenblick stiller wird. Es ist ein Raum zwischen den Jahren, in dem wir uns leichter mit dem verbinden können, was sonst oft im Lärm des Alltags überhört wird. In diesen besonderen Nächten sprechen Symbole, Träume und auch Zahlen auf eine ganz eigene Weise zu uns. Diese magische Energie hat sich in den letzten Jahren sogar noch verstärkt, weil immer mehr Menschen diese Zeit bewusst für sich nutzen.

Zahlen sind weit mehr als nur Zeichen zum Zählen und Rechnen. Sie tragen eine eigene Schwingung, eine Qualität, die die Menschheit seit Jahrhunderten fasziniert. Schon Pythagoras sah in ihnen die Ordnung der Welt, und in vielen spirituellen Traditionen spielt ihre besondere Bedeutung eine zentrale Rolle.

Mir ist an dieser Stelle die Ehrlichkeit sehr wichtig: Ich habe keine klassische Ausbildung in Numerologie oder Zahlenmystik. Alles, was du in diesem Begleiter findest, ist von mir recherchiert, reflektiert und mit meiner persönlichen Intuition verbunden. Meine Deutungen sollen dich nicht in ein starres System zwängen, sondern dich spielerisch begleiten. Sie sind Einladungen, die du annehmen darfst, wenn sie dich berühren – und die du ebenso gut zur Seite legen kannst, wenn sie sich für dich nicht stimmig anfühlen. Die Inhalte sind inspiriert von der Kabbala, der allgemeinen Zahlenmystik sowie den Engelszahlen.

Meine Absicht ist es, dich dabei zu unterstützen, die Zahlen auf deine ganz persönliche Weise mit den Rauhnächten zu verbinden. Jede Rauhnacht trägt die Zahl ihrer Ordnung – von der Eins bis zur Zwölf. Diese Zahlen dienen dir als kleine Wegweiser, die dich dazu anregen, innezuhalten und nachzuspüren, was gerade in deinem Leben wichtig ist. Am Dreikönigstag folgt schließlich noch die Dreizehn, die als Zahl des Wunders daran erinnert, dass es immer mehr Möglichkeiten gibt, als wir zunächst sehen.
Dieses Buch versteht sich nicht als Nachschlagewerk zur Zahlenmagie, sondern als leichter Begleiter für diese besondere Zeit. Ich teile dir meine Gedanken und Recherchen mit, möchte dich aber vor allem ermutigen, deinen eigenen Zugang zu entwickeln. Vielleicht magst du dich in diesem Jahr einmal bewusst mit der Energie der Zahlen durch die Rauhnächte begleiten lassen. Nimm dir Zeit, lies die Impulse, notiere deine Gedanken und finde so deinen inneren Wegweiser, der dich durch das kommende Jahr tragen kann.
Ich wünsche dir, dass du mit Freude und Offenheit eintauchst, dich überraschen lässt und dabei vielleicht die ein oder andere Zahl entdeckst, die dir wie ein alter Freund begegnet.

Von Herzen,
Michaela Lamprecht

ZAHLEN SIND KEINE FORMELN – SIE SIND ERINNERUNG AN DIE ORDNUNG DES LEBENS.

1 2 3 4 5 6 7

DIE RAUHNÄCHTE UND ....

0 1 2 3 4 5

KAPITEL 1

…IHRE GEHEIME SPRACHE

MAGIE ENTSTEHT DORT,
WO BEWUSSTSEIN
UND VERTRAUEN
EINANDER BERÜHREN.

EIN ALTER ZAUBER UND DIE SPRACHE DER ZAHLEN

Die Rauhnächte sind seit Jahrhunderten eine besondere Zeit des Übergangs. Früher sprach man von den „Nächten zwischen den Jahren", weil die alten Kalender nicht genau mit dem Sonnenjahr übereinstimmten. Aus dieser Lücke entstand ein Schwellenraum, der weder zum alten noch zum neuen Jahr gehörte – ein Zeitraum, in dem Menschen aufmerksam wurden für Zeichen, Träume und Symbole.

Auch heute nutzen viele Menschen die Rauhnächte ganz bewusst für ihren inneren Weg – so auch ich seit vielen Jahren. Zudem hatte ich in den letzten Jahren die Ehre, bereits Hunderte von Menschen dabei begleiten zu dürfen. Diese Nächte sind eine Zeit, in der wir Altes in Frieden abschließen, uns selbst ein Stück tiefer erkennen und eine klare Ausrichtung für das neue Jahr finden können.

Für mich persönlich sind die Rauhnächte zu einem wertvollen Anker im Jahreskreis geworden. Ich nehme mir bewusst Zeit, um innezuhalten, zu spüren, was ich loslassen darf, und mich neu auszurichten. Achtsamkeit und Zeit mit mir selbst sind dabei ein zentraler Schlüssel. Und wie sollte es bei einer vielseitigen Person anders sein – jedes Jahr wird diese innere Reise aus einer neuen Perspektive beleuchtet.

Eine besondere Kraft entfaltet sich dadurch, dass so viele Menschen gleichzeitig an ähnlichen Themen arbeiten. Diese gebündelte Aufmerksamkeit verstärkt die Wirkung – wie ein gemeinsames Feld, das uns hält und trägt.

So fühlt sich die eigene Reise in dieser Zeit oft leichter und klarer an, weil wir Teil eines größeren Ganzen sind.
Neben Träumen, Ritualen und Symbolen können auch Zahlen in den Rauhnächten zu wertvollen Wegweisern werden. Jede der zwölf Nächte trägt eine Zahl, die nicht nur für die Nacht selbst, sondern auch für den jeweiligen Monat im kommenden Jahr steht. Am Dreikönigstag folgt dann noch die dreizehnte Zahl – die Zahl des Wunders. Sie erinnert uns daran, dass das Leben immer mehr Möglichkeiten bereithält, als wir im Moment erkennen können.
Die Symbolik der Zahlen entfaltet eine faszinierende Vielfalt an Bedeutungen. In der Numerologie besitzt jede Zahl eine eigene Qualität:
Die **1** steht für Neubeginn und Klarheit,
die **2** für Beziehung und Vertrauen,
die **3** für Kreativität und Ausdruck.
Parallel dazu betrachtet die moderne spirituelle Tradition sogenannte Engelszahlen, die sich in wiederholten Ziffern wie 111 oder 222 zeigen und als besondere Hinweise und Botschaften verstanden werden.
Spannend ist: Diese Impulse lassen sich wunderbar mit den Themen der Rauhnächte verbinden. So entsteht ein inspirierendes Zusammenspiel aus altem Wissen, archetypischen Zahlenqualitäten und liebevollen Botschaften der Geistigen Welt.
Mit diesem Begleiter möchte ich dir die Bedeutung der Zahlen näherbringen und dich einladen, sie als Inspiration für deine Rauhnächte zu nutzen – auf deine ganz persönliche Weise. Jede Nacht und jede Zahl schenkt dir einen Impuls, der dich im entsprechenden Monat des kommenden Jahres begleiten kann.
Lies den Text uns spüre was sie in DIR bewegt. Vielleicht notierst du ein Wort oder einen Gedanken, vielleicht entsteht daraus eine Intention für den neuen Monat. Alles darf leicht sein – und gerade darin liegt eine besondere Kraft.

ZAHLEN ALS WEGWEISER IN DEN RAUHNÄCHTEN

Zahlen begleiten uns im Alltag auf Schritt und Tritt – auf der Uhr, in Daten, in Hausnummern, in Terminen. Oft nehmen wir sie gar nicht bewusst wahr, und doch sind sie immer da. In den Rauhnächten können wir diese alltäglichen Begleiter ganz bewusst einmal mit anderen Augen betrachten - zumindest lade ich dich dazu ein, dies zu tun. Denn jede Zahl trägt eine eigene Qualität, eine Schwingung, die uns etwas über das Leben erzählen möchte.

Vielleicht hast du schon bemerkt, dass dich bestimmte Zahlen immer wieder „anlächeln" – sei es deine Lieblingszahl, eine wiederkehrende Uhrzeit wie 11:11 oder ein Datum, das dir besonders viel bedeutet. In der besonderen Zeit der Rauhnächte verstärkt sich diese Wahrnehmung noch einmal. Wir sind wacher, offener, empfänglicher für Zeichen. Zahlen sind dabei wie kleine Wegweiser: Sie schenken uns Orientierung, erinnern uns an unsere inneren Kräfte und zeigen uns, dass wir geführt sind.

Ein schöner Gedanke ist auch, dass jede Rauhnacht eine Zahl in sich trägt, die uns nicht nur durch die Nacht selbst, sondern auch durch den entsprechenden Monat des kommenden Jahres begleiten kann – denn auf diese Weise spiegeln sich die zwölf Monate des neuen Jahres in den zwölf Rauhnächten wider. So wird aus den zwölf Nächten ein Ausblick für das ganze Jahr, und am Dreikönigstag fügt sich mit der 13 noch ein besonderes Wunder hinzu.

Gerade weil Zahlen so einfach sind, braucht es keine besonderen Vorkenntnisse oder komplizierten Systeme. Sie laden uns ein, hinzuspüren: Was verbinde ich mit dieser Zahl? Welche Erinnerung taucht auf? Welche Qualität möchte mich im neuen

Jahr begleiten? Auf diese Weise wird die Zahlenmagie zu einer liebevollen Sprache des Lebens, die uns nicht einschränkt, sondern ermutigt, tiefer zu fühlen und freier zu wählen. Ihre Bedeutungen und Qualitäten laden uns ein – und du wirst beim Lesen merken, wie sich vieles miteinander verbindet und auf einmal Sinn ergibt. Genau darum schauen wir uns im nächsten Kapitel die universelle Sprache der Zahlen etwas genauer an.

DEINE INTUITION IST
DER LEISE
DOLMETSCHER
ZWISCHEN DIR UND
DEM UNIVERSUM.

1 2 3 4 5 6 7

ENTDECKE DIE LEISE …..

Kapitel 2

…Magie der Zahlen

MANCHMAL FLÜSTERN ZAHLEN DORT, WO WORTE SCHWEIGEN – UND ZEIGEN DIR WEGE, DIE DU NUR MIT DEM HERZEN HÖREN KANNST.

VON DER HARMONIE DER ZAHLEN

Wenn wir von Numerologie sprechen, klingt es oft nach etwas Geheimnisvollem. Dabei steckt dahinter eine erstaunlich einfache und zugleich tiefe Idee: Zahlen tragen eine Schwingung, die uns etwas über das Leben erzählen kann. Schon Pythagoras, der griechische Philosoph, ging davon aus, dass Zahlen die Grundlage der Welt sind – nicht nur zum Rechnen, das vielleicht einige von uns in der Schule vor große Hürden gestellt hat. Ich erinnere mich jedenfalls gut an die eine oder andere knifflige Rechenaufgabe - die mich vor allem mit meinen Jungs bei den Hausaufgaben des Öfteren vor Herausforderung gestellt hat. Aber in der Numerologie geht es nicht um komplizierte Berechnungen, sondern um den Ausdruck von Harmonie und Lebensrhythmen. Ein Beispiel kann dir das Konzept noch anschaulicher machen - pass gut auf:

Nehmen wir ein Geburtsdatum, zum Beispiel den 27.05.1971. Wenn wir alle Zahlen addieren, entsteht: 2+7+0+5+1+9+7+1 = 32. Reduzieren wir die 32 weiter, erhalten wir 3+2 = 5. Die Lebenszahl dieses Datums ist also die 5, und sie erzählt von Bewegung, Freiheit und Veränderung als Grundschwingung im Leben.

Aus jedem Geburtsdatum ergibt sich so eine Zahl, die in der Numerologie als eine Art innerer Schlüssel gesehen wird. Sie gibt Hinweise darauf, welche Themen dich besonders begleiten und welche Energie dich von Grund auf prägt.

DIE LEBENSZAHL – DEIN INNERER SCHLÜSSEL

Die Lebenszahl ist wahrscheinlich der bekannteste Teil der Numerologie – und für viele der erste Berührungspunkt mit der Zahlenmagie. Sie wird aus deinem Geburtsdatum berechnet, indem du alle Ziffern addierst, bis eine einstellige Zahl (oder eine der sogenannten Meisterzahlen 11, 22 oder 33) übrig bleibt.
Das Ergebnis gilt als deine Grundschwingung. Es ist wie ein innerer Kompass, der dir zeigt, welche Themen dich durchs Leben leiten, welche Stärken dich tragen und welche Herausforderungen dich immer wieder anstoßen, um dich wachsen zu lassen. Man könnte auch sagen: Die Lebenszahl ist wie eine Melodie, die dein ganzes Leben hindurch im Hintergrund spielt.

Bleiben wir bei unserem Beispiel vom 27.05.1971:
2+7+0+5+1+9+7+1 = 32 → 3+2 = 5.

Die Lebenszahl hier ist also die 5 – die Zahl der Freiheit, der Bewegung, der Veränderung. Menschen mit einer Fünf als Lebenszahl spüren oft den inneren Ruf, nicht stehen zu bleiben, Neues zu entdecken, Erfahrungen zu sammeln und sich nicht einengen zu lassen. Gleichzeitig kann es herausfordernd sein, wirklich bei sich zu bleiben und sich nicht zu verzetteln.

JEDE LEBENSZAHL ERZÄHLT EINE EIGENE GESCHICHTE

Die...

... 0 steht für Ursprung und unendliches Potenzial – die Verbindung zur Quelle, aus der alles entsteht.

... 1 bringt den Mut zum Neubeginn und das Vertrauen in die eigene Kraft.

... 2 erinnert an Zusammenarbeit, Empathie und die Balance zwischen Geben und Nehmen.

... 3 öffnet das Herz für Kreativität, Freude und Ausdruck.

... 4 schenkt Ordnung, Struktur und Stabilität.

... 5 ruft nach Freiheit, Wandel und Abenteuer.

... 6 trägt die Schwingung von Liebe, Familie und Verantwortung.

... 7 führt in die Tiefe, in Erkenntnis und Spiritualität.

... 8 bringt die Kraft der Fülle, des Erfolgs und des Gleichgewichts zwischen Materie und Geist.

... 9 öffnet das Tor zu Mitgefühl, Weisheit und Vollendung.

Und dann gibt es noch die Meisterzahlen wie die 11, 22 oder 33, die nicht weiter reduziert werden, weil sie eine besonders starke Energie tragen. Die 11 erinnert an Intuition und spirituelles Bewusstsein, die 22 an die große Kraft, Visionen in die Realität zu bringen, und die 33 an die Energie von Mitgefühl, Heilung und selbstloser Liebe.

Die Lebenszahl ist kein Schicksal, das dir einen festen Weg vorschreibt. Sie ist ein Hinweis, eine Erinnerung, eine Einladung. Du entscheidest, wie du ihre Energie leben möchtest. Manche Menschen spüren ihre Lebenszahl ganz klar in ihrem Alltag, andere entdecken sie erst nach und nach, wenn sie genauer hinschauen.

Nimm dir jetzt einen Moment, um deine ganz persönliche Zahl zu berechnen. Schreib dein Geburtsdatum auf, addiere die einzelnen Zahlen und spüre nach, was sich zeigt. Lies die Botschaft deiner Zahl und frag dich: Wo erkenne ich mich darin wieder? Und wo möchte ich ihre Energie im kommenden Jahr bewusster leben?
Halte deine Gedanken schriftlich fest. Denn was du zu Papier bringst, bekommt eine andere Kraft. Du wirst sehen: Allein dieser kleine Schritt eröffnet dir neue Klarheit – und du beginnst, die Sprache der Zahlen auf deinem Weg zu verstehen.

ENGELSZAHLEN – BOTSCHAFTEN AUF DEINEM WEG

Vielleicht kennst du das: Du schaust wie zufällig auf die Uhr, und es ist genau 11:11. Oder du ziehst im Supermarkt den Bon aus der Tasche, und er endet auf 222. In solchen Momenten spüren wir sofort dieses kleine Kribbeln im Bauch – als würde uns jemand zublinzeln und sagen: „Ich sehe dich."
Engelszahlen sind Botschaften in Zahlenform. Sie erscheinen nicht, weil du sie suchst, sondern weil du bereit bist, sie zu bemerken. Sie tauchen im Alltag auf, ganz beiläufig – und gerade darin liegt ihre besondere Wirkung. Eine Uhrzeit, ein Kennzeichen, eine Zimmernummer – und plötzlich merkst du: Da ist etwas, das mir etwas sagen will.
Jede Zahl trägt eine Schwingung. Wiederholt sie sich, verstärkt sich diese Schwingung. 111 ist der klare Hinweis: Deine Gedanken sind kraftvoll – achte darauf, was du denkst, denn es kann sich zeigen. 222 erinnert dich an Vertrauen – dass Dinge im richtigen Moment ihren Platz finden. 333 schenkt dir das Gefühl, nicht allein zu sein, sondern begleitet und getragen. 444 umhüllt dich mit Schutz, während 555 dich ermutigt, Veränder-

ungen willkommen zu heißen. Und wenn dir die 888 begegnet, darfst du wissen: Fülle und Ausgleich sind schon unterwegs zu dir. Die Zahlen sprechen in einer Sprache, die nicht über den Kopf läuft, sondern direkt ins Herz geht. Sie wollen dich nicht verunsichern oder ins Grübeln bringen, sondern dich bestärken. Engelszahlen sind wie kleine Postkarten des Universums, die dich mitten im Alltag daran erinnern: Du bist auf deinem Weg.

Vielleicht fragst du dich nun: Wie kannst du diese Botschaften für dich nutzen? Es ist ganz einfach, wenn du auf deine Intuition hörst.

Wenn dir eine solche Zahl begegnet, halte einen Moment inne. Atme tief ein. Spüre, was gerade in dir lebendig ist. Vielleicht war da ein Gedanke, den du eben hattest – und die Zahl ist die Antwort darauf. Vielleicht bist du gerade in einem Zweifel – und die Zahl sagt dir: „Vertraue."

Du kannst dir angewöhnen, solche Momente aufzuschreiben. Einfach eine kleine Notiz: Datum, Zahl und dein Gefühl dazu. Mit der Zeit entsteht ein Gespür dafür, wie liebevoll das Leben mit dir spricht.

Und wenn du merkst, dass eine Zahl dich über eine gewisse Zeit begleitet, nimm sie als Einladung. Frage dich: Was möchte sie mir zeigen? Wo darf ich vertrauen, mutiger werden, leichter loslassen oder größer träumen? Höre auf deine Intuition und beschäftige dich mit den Qualitäten, die in vielen spirituellen Lehren mit den jeweiligen Zahlen verbunden werden.

ARCHETYPEN & ZAHLEN – INNERE BILDER ALS WEGWEISER

Es gibt viele Systeme der Archetypen, von C. G. Jung bis zu modernen Ansätzen. Archetypen sind Urbilder und innere Kräfte – die Königin, die Heilerin, die Kriegerin –, die tief in

ENGELSZAHLEN BEGEGNEN UNS NICHT ZUFÄLLIG – SIE SIND LIEBEVOLLE WEGWEISER AUS EINER TIEFEREN DIMENSION DES VERTRAUENS.

unserer Seele wirken. Spannend ist: Auch die Zahlen lassen sich archetypisch lesen. Jede Zahl trägt eine Energie, die wir in menschlicher Form erleben und gestalten können. Archetypen sind so etwas wie Urbilder unserer Seele. Sie sind lebendige Kräfte, die uns begleiten. C. G. Jung beschrieb sie als Muster, die tief im kollektiven Unter-bewusstsein liegen und unser Denken, Fühlen und Handeln prägen, ohne dass wir es immer bewusst wahrnehmen. Manchmal zeigt sich ein Archetyp in einer Begegnung oder im Traum, manchmal in dem Gefühl, plötzlich eine Rolle einzunehmen – als Mutter, als Kämpferin, als Heilerin. Wenn wir die Zahlen anschauen, dann tragen auch sie eine archetypische Kraft in sich. Jede Zahl erzählt von einer Energie, die wir im Leben erleben und gestalten können. Die Eins steht für den Anfang, die Zwei für Beziehung. Und so lässt sich jede Zahl mit einem Archetyp verbinden, der diese Energie in menschlicher Form verkörpert. Die Kriegerin trägt die Kraft der Vier in sich, weil sie Ordnung, Klarheit und Standfestigkeit bringt. Die Liebende ist mit der Zwei verbunden, weil sie Nähe, Beziehung und Hingabe lebt. Die Weise Alte erinnert uns an die Neun, die Vollendung und Weisheit schenkt.

Auch in den Rauhnächten begegnen wir diesen Kräften. In manchen Nächten spürst du die Energie des Neuanfangs, in anderen die Weisheit des Rückblicks. Mal ist es die Liebende, die dich ruft, mal die Wandlerin, mal die Königin. Wenn du diese Archetypen nicht nur als schöne Bilder siehst, sondern als Teile in dir, dann wirst du merken: Sie sind Helferinnen, die dir Orientierung geben können.

Du darfst die Zahlen und Archetypen während dieser Zeit als Einladung verstehen. Sie erinnern dich daran, dass es viele Seiten in dir gibt, die gelebt werden möchten. Und dass du im Laufe eines Jahres immer wieder mit neuen Kräften in dir in Kontakt kommst. Die Rauhnächte öffnen dir den Raum, diese Begegnungen bewusst wahrzunehmen.

ERSTE SCHRITTE IN DEINE PRAXIS MIT ZAHLEN

Zahlenmagie bleibt nicht nur ein schönes Wissen im Kopf, sie will dich im Alltag berühren und begleiten. Am wirkungsvollsten wird sie dann, wenn du dir erlaubst, spielerisch und achtsam mit ihr zu leben.

Vielleicht magst du dir ein kleines Journal anlegen, in dem jede Zahl ihren Platz bekommt. Neun Seiten genügen, dazu kannst du die Meisterzahlen 11 und 22 ergänzen. Immer wenn dir eine Zahl begegnet – in einem Traum, in einem Datum, in einem Gespräch oder einfach auf einem Kassen-zettel – notiere sie. Mit der Zeit entstehen Muster, die dir Hinweise geben. Aus diesen Mustern darfst du Leitsätze für dich entwickeln. Zum Beispiel: „Wenn die Sieben auftaucht, erinnere ich mich an meine stille Stärke.“ So verwandeln sich Zahlen in Anker, die dich an deine innere Wahrheit erinnern.

Auch bei Entscheidungen können dir Zahlen eine zusätzliche Orientierung geben. Vielleicht stehst du zwischen zwei Möglichkeiten und spürst, wie dein Kopf hin- und herpendelt. Dann übersetze jede Variante in eine Zahl – über ein Datum, einen Anfangsbuchstaben oder einfach die Quersumme der Buchstaben. Lies die Qualitäten der Zahl und spüre, welche Botschaft dich im Kern unterstützt. Es geht dabei nicht darum, eine Zahl für dich entscheiden zu lassen, sondern darum, einen weiteren Spiegel zu haben, der dein Herz klärt.

Du kannst auch kleine Rituale in deinen Alltag einflechten, die dich mit den Energien der Zahlen verbinden. An einem Tag, an dem dir die Eins begegnet, setze einen klaren ersten Schritt. An einem Tag mit der Zwei schenke dir eine achtsame Begegnung. Die Drei lädt dich ein, deiner Kreativität Raum zu geben, die

Vier schenkt dir den Impuls, Ordnung zu schaffen. Jede Zahl hat eine Energie, die du in einer einfachen, kleinen Geste ausdrücken kannst. Auf diese Weise wird Zahlenmagie alltagstauglich und spür-bar.

Stelle dir morgens die Frage: „Welche Qualität begleitet mich heute – und wie kann ich ihr im Kleinen Raum geben?" Die Antwort ist oft unspektakulär. Aber genau darin liegt die Kraft. Denn die Summe deiner Tage entsteht aus den kleinen Handlungen, die du bewusst wählst.

Zahlen sind Spiegel. Sie zeigen dir Möglichkeiten, aber sie legen dir nichts auf. Sie sind keine Schicksalsmaschine, sondern eine Sprache des Lebens. Sie entmündigen dich nicht, sie ermutigen dich.

Wenn dir einmal eine Deutung Angst macht oder Druck erzeugt, dann lege sie beiseite und atme tief durch. Frag dich: „Welche Bedeutung stärkt meine Verantwortung, meine Würde, meinen Mut?" Genau dort liegt der gesunde Kern der Zahlenmagie. Zahlen können dir Halt schenken und dich bestärken. Sie erinnern dich an deine innere Stärke und daran, dass du deinen Weg in Ruhe und Vertrauen gehen darfst.

Zahlen sind am stärksten, wenn sie Herz, Verstand und Handlung miteinander verbinden. Sie erinnern dich an deine Freiheit, deine Klarheit und deine schöpferische Kraft.

Hier für dich ein Leitsatz für deine Praxis bei der Arbeit und Begegnung mit Zahlen. Er kann dir helfen deinen Fokus auf die Zeichen der Zahlen zu setzen. Probiere es einfach aus und sag diesen Satz, so oft es dir möglich ist. Viel Spaß dabei!

Ich nutze Zahlen als liebevolle Sprache des Lebens. Ich höre zu, wähle bewusst und gehe meinen nächsten kleinen Schritt – im Einklang mit meiner inneren Wahrheit.

DIE RAUHNÄCHTE IM …

0 1 2 3 4 5

Kapitel 3

Spiegel der Zahlen

WENN DU BEGINNST, ZAHLEN ZU FÜHLEN STATT ZU DEUTEN, BEGINNT DIE WAHRE MAGIE.

JEDE NACHT MIT IHRER ZAHL, ENERGIE UND IHREM GESCHENK

Bevor wir in die einzelnen Rauhnächte eintauchen, ist es hilfreich, dir bewusst zu machen: Jede dieser Nächte trägt ihre ganz eigene Botschaft. Mit der Zahl, die ihr zugeordnet ist, zeigt sie dir ein bestimmtes Thema, eine Energie und eine Qualität, die dich begleiten möchten. Wenn du noch nie die Rauhnächte durchlaufen hast, solltest du wissen, dass jede Nacht, beginnend in der Nacht vom 24. auf den 25. Dezember, einem Monat zugeordnet ist.

Und nun zum Inhalt einige meiner Impulse werden dich vielleicht sofort ansprechen, andere brauchen etwas Zeit, um in dir nachzuklingen. Du musst nichts erzwingen. Es genügt, wenn du dich öffnest und wahrnimmst, was in dir in Resonanz geht.

Zu jeder Nacht findest du hier eine Inspiration, ein Ritual und Fragen an dein Herz. Du kannst sie als kleine Einladung sehen, die dich unterstützt, dich klarer auszurichten, Vergangenes loszulassen und Neues willkommen zu heißen. Wähle das aus, was für dich stimmig ist, und vertraue auf deine Intuition, denn genau das wird dir im kommenden Jahr Kraft und Orientierung schenken.

So wird jede Nacht zu einem leisen Geschenk, das dich tiefer mit dir selbst verbindet und dir Mut macht, deinem Herzensweg zu folgen.

BEWUSSTSEIN WÄCHST IM MOMENT, IN DEM DU ERKENNST: ALLES SPRICHT MIT DIR – AUCH DIE ZAHLEN.

URSPRUNG & UNBEGRENZTES POTENZIAL

0 WINTER-SONNENWENDE

Die Zahl NULL steht für...

Quelle
Zyklus
Ganzheit

In der größten äußeren Hektik des Jahres, wenn Arbeit, Termine und die vielen Vorbereitungen für Weihnachten uns kaum zur Ruhe kommen lassen, begegnet uns die Wintersonnenwende. Sie tritt mitten in diesem Wirbel auf wie ein stiller Anker. Gerade dann, wenn wir uns vom Wesentlichen entfernen, erinnert sie uns daran, dass es einen Punkt gibt, an dem die Zeit selbst innehält – einen Nullpunkt, an dem wir loslassen und uns in die Stille sinken lassen dürfen.

Die längste Nacht des Jahres schenkt uns Dunkelheit, doch in dieser Dunkelheit reift bereits das neue Licht heran. So wirkt die Null: Sie erscheint wie ein Nichts, und doch birgt sie in sich das unendliche Potenzial von allem, was werden kann. Sie lädt dich ein, das Jahr in Frieden zu beschließen, in die Stille einzutauchen und aus dieser inneren Ruhe neue Kraft zu schöpfen.

BOTSCHAFT DER 0

Die Null ist die Zahl des Ursprungs. Sie enthält die paradoxe Einheit von Leere und Fülle, Nichts und Alles. In ihr ist der Beginn bereits angelegt, ohne dass er Form annehmen muss.

Die *Engelszahl* 000 steht für das kosmische Reset. Sie bestärkt dich darin, in deine Mitte zurückzukehren und dich mit dem Unendlichen zu verbinden. Hier, im stillen Zentrum, kannst du Überflüssiges entlassen und dein Feld für das Neue bereiten.

Die Null ermutigt dich, loszulassen und dem natürlichen Rhythmus des Lebens zu vertrauen. Sie erinnert dich daran, dass in der Leere bereits alles enthalten ist, was werden will.

ARCHETYPISCHE KRAFT

Die Null die Energie der Großen Mutter, die alles hält, und der Weisen, die im Schweigen die Wahrheit erkennt. Sie steht für den Schoß, aus dem Leben geboren wird, und für den Kreis, in dem alles enthalten ist. Ihre Kraft ist sanft und weit, sie ermutigt dich, dem Dunkel nicht auszuweichen, sondern es als Geborgenheit zu spüren. Ihre Botschaft lautet:

Vertraue dem Raum der Stille und der Dunkelheit – sie sind die Quelle von allem, und in ihnen entsteht Neues, noch bevor du es sehen kannst.

BLICK INS NEUE JAHR

Die Wintersonnenwende ist die unsichtbare Schwelle in den neuen Jahreskreis. Noch zeigt sich nichts im Außen, doch das Licht beginnt bereits zu wachsen. Es geht weniger um Vorsätze und Pläne, sondern darum, welche Grundhaltung dich durch die nächsten Monate tragen soll.

Was du in dieser Nacht loslässt oder in Gedanken einlädst, kann die Qualität deines kommenden Jahres prägen.

Welche innere Haltung möchte ich mit ins neue Jahr nehmen, damit Licht und Vertrauen wachsen können?

RITUAL DIESER NACHT „UMARMUNG DER NULL"

Gestalte dir einen geschützten Platz. Lege einen Kreis aus Kristallen, Steinen oder Zweigen und setze dich in die Mitte. Stelle eine Kerze bereit, entzünde sie zunächst, um dich zu orientieren, und lösche sie dann wieder.

Verweile bewusst in der Dunkelheit, atme ruhig und spüre, wie dich die Stille trägt. Sprich leise: „Ich kehre zurück zu meinem Ursprung. In der Dunkelheit finde ich Halt und Vertrauen."

Bleibe in dieser Ruhe, bis du innerlich spürst, dass der Moment gekommen ist, die Kerze wieder zu entzünden. Wenn ihr Licht den Raum erhellt, empfange es als Zeichen für das neue Leben, das bereits in dir wächst.

FRAGEN AN DEIN HERZ

Welche Qualität darf mein neues Jahr durchziehen?
Wo wünsche ich mir mehr Raum für
Stille und Vertrauen?
Was darf ich beenden, damit Neues entstehen kann?
Welche innere Haltung schenkt mir Frieden?

IMPULSE FÜR DEN HEUTIGEN TAG

Schaffe dir heute Momente der Einfachheit – räume einen kleinen Bereich auf oder lege das Handy bewusst zur Seite. Schreibe drei Worte auf, die dein Jahr tragen sollen, und bewahre sie sichtbar auf. Lege deine Hände mehrmals am Tag auf den Bauch und spüre in die Wärme hinein, die dich mit deinem Ursprung verbindet. Erlaube dir, nichts zu tun – und gerade darin Kraft zu finden.

Diese Nacht lädt dich ein, dich mit dem Ursprung zu verbinden und die Dunkelheit als Quelle von Kraft und Klarheit zu ehren. Aus der Stille wächst das Licht – und mit ihm die Gewissheit, dass alles seinen Anfang findet, wenn du ihm Raum gibst.

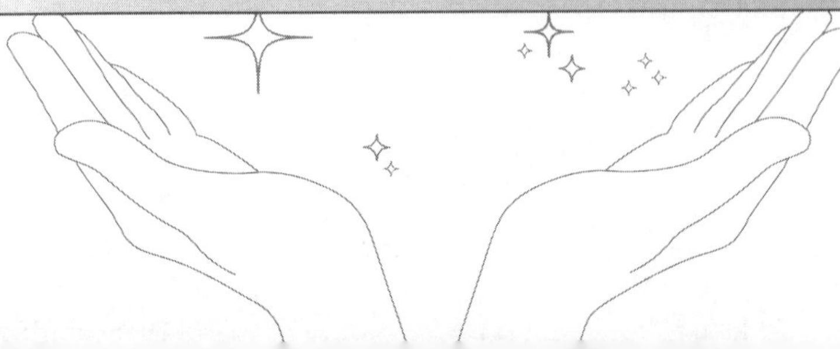

WURZELN, FUNDAMENT, URVERTRAUEN

1. RAUHNACHT
JÄNNER

Die Zahl EINS steht für...

Anfang
Klarheit
Selbst

Die erste Rauhnacht ist wie ein erstes tiefes Einatmen nach einer langen Pause. Sie markiert den Beginn des neuen Kreises und erinnert dich daran, dass jede neue Reise mit Klarheit beginnen will. Bevor ein Samen sprießen kann, braucht er die klare Absicht und die Energie des Starts. Diese Nacht lädt dich dazu ein, deinen ersten Impuls für das neue Jahr bewusst wahrzunehmen.

Es ist die Nacht, in der die Ahnen oft besonders nahe sind und die Verbindung zu deiner Herkunft spürbarer wird. Dieses Wissen schenkt dir Urvertrauen: die Sicherheit, dass du gehalten bist, die dir den Mut gibt, den ersten Schritt zu wagen. Deine Wurzeln sind nicht nur Vergangenheit, sie sind die tragende Kraft für deinen Neubeginn.

BOTSCHAFT DER 1

Die Eins ist der Anfang, die Klarheit, das Ich. Sie ruft dich auf, bei dir selbst zu beginnen. Dein inneres Ja ist der Ursprung jeder Reise.

Die *Engelszahl* 111 erinnert daran, wie machtvoll deine Gedanken sind. Was du in dieser Zeit denkst und ausrichtest, hat besondere Kraft, sich im neuen Jahr zu entfalten. Richte deine Aufmerksamkeit bewusst auf das, was du erschaffen möchtest, mehr Freude zu erleben und nicht auf das was sich schwer anfühlt.
Die Eins ermutigt dich, dich selbst an die erste Stelle zu setzen und zwar aus einem gesundem Selbstvertrauen. Dein klarer erster Schritt trägt die gesamte Energie des kommenden Jahres in sich.

ARCHETYPISCHE KRAFT

Die Eins verkörpert die Schöpferin. Sie ist jene Kraft, die Neues hervorbringt, die den ersten Schritt wagt, auch wenn das Ziel noch nicht sichtbar ist. Sie ist die Pionierin, die im Vertrauen voranschreitet. Ihre Botschaft lautet:

Alles beginnt mit dir. In deinem Mut, deiner Klarheit und deiner Bereitschaft, dich selbst ernst zu nehmen.

BLICK INS NEUE JAHR

Die erste Rauhnacht steht für den Monat Januar. Er bringt oft Vorsätze mit sich, doch diese Nacht erinnert dich: Es sind nicht Vorsätze, die dich tragen, sondern deine innere Haltung, deine klare Ausrichtung.

Alles, was du heute wahrnimmst – Träume, Begegnungen, Gefühle – kann dir Hinweise für diesen Monat schenken.

Worauf möchte ich mein Jahr gründen?
Welcher Gedanke, welches Vertrauen darf mein Fundament bilden?

RITUAL DIESER NACHT „DIE KERZE DES ANFANGS"

Wähle eine Kerze, die für dich Neubeginn symbolisiert. Setze dich in Stille, spüre deine Verbindung zur Erde, zu deinen Wurzeln.

Entzünde die Kerze und sprich:
„Ich öffne mich für das Neue. Ich vertraue meinem Weg.
Heute setze ich den klaren Samen für … (dein Wunsch)."

Schreibe deinen Wunsch auf einen Zettel und lege ihn unter die Kerze. Lasse die Kerze brennen und entzünde sie in den kommenden Nächten immer wieder, als sichtbares Zeichen deines Fokus.

FRAGEN AN DEIN HERZ

Was gibt mir Halt (Wurzeln) für den Neubeginn?
Wofür möchte ich in diesem Jahr den
ersten klaren Samen setzen?
Wie kann ich mein Vertrauen in mich selbst stärken,
um den Weg freizumachen?

IMPULSE FÜR DEN HEUTIGEN TAG

Fokussiere dich heute auf eine Sache nach der anderen. Klarheit entsteht aus Einfachheit.
Schreibe drei Dinge auf, die dich einzigartig machen (Ich-Kraft der Eins).
Beginne etwas Neues – klein, aber bewusst. Der erste Schritt trägt die ganze Kraft des Anfangs.

Diese erste Rauhnacht
schenkt dir die Erinnerung:
Du bist getragen. Deine klare Ausrichtung
und dein Mut bilden das Fundament, auf dem dein
Licht im neuen Jahr erstrahlen kann.

INNERE STIMME, VERTRAUEN, FÜHRUNG

2. RAUHNACHT FEBRUAR

Die Zahl ZWEI steht für...

Balance
Beziehung
Polarität

Die zweite Rauhnacht öffnet den Raum der Begegnung. Nach dem ersten Schritt in die Klarheit lädt dich diese Nacht ein, wahrzunehmen, dass wir nie allein gehen. Immer begegnet uns ein Gegenüber – ein Mensch, ein Gefühl, eine Situation. In ihnen erkennen wir uns selbst, lernen Vertrauen oder spüren, wo wir noch zweifeln.

Die Zwei schenkt dir die Erinnerung, dass du auf deine innere Stimme hören darfst. Sie ist leise, aber klar. Sie führt dich, auch wenn der Verstand abwägt und vergleicht. Heute geht es darum, dieser inneren Führung zu lauschen und ihr zu vertrauen.

BOTSCHAFT DER 2

Die Zwei ist die Zahl der Balance. Sie zeigt uns Gegensätze: Licht und Schatten, Ja und Nein, Nähe und Distanz. Sie erinnert daran, dass wir aus Polarität lernen.

Die *Engelszahl* 222 trägt die Botschaft: Vertraue. Auch wenn du noch nicht siehst, wohin der Weg dich führt, wirst du getragen. Alles entwickelt sich zu deinem Besten.
Die Zwei schenkt dir die Gewissheit: Deine Intuition ist die Brücke zwischen den Gegensätzen. Sie verbindet Herz und Verstand, Innen und Außen.

ARCHETYPISCHE KRAFT

Die Zwei verkörpert die Priesterin – die Hüterin der Weisheit, die zwischen den Welten vermittelt. Sie weiß, dass Gegensätze kein Widerspruch sind, sondern Teil eines größeren Ganzen. Ihre Botschaft lautet:

Lass dich nicht von Polarität "zerreißen".
Finde deine Mitte im Vertrauen.

BLICK INS NEUE JAHR

Die zweite Rauhnacht steht für den Monat Februar. Dieser Monat kann Wendungen bringen, Begegnungen oder Entscheidungen, die dich herausfordern. Vertraue darauf, dass deine Intuition dir den Weg zeigt.

Achte in dieser Nacht auf Träume, Gefühle und kleine Zeichen – sie können Hinweise sein, wie du im Februar innere Balance findest.

Was bringt mich in innere Ruhe,
wenn außen viel los ist?
Was sagt mir mein Bauchgefühl gerade?

RITUAL DIESER NACHT „DIE VEREINIGUNG DER GEGENSÄTZE"

Lege zwei Symbole oder Gegenstände aus deinem Räumlichkeiten. Lege sie vor dich, die Gegensätze darstellen.

Nimm sie in deine Hände, spüre ihre Unterschiede - mach dabei die Augen zu damit du voll und ganz ins fühlen gehen kannst.

Führe beide Hände vor dein Herz. Atme und fühle, wie sich Gegensätze hier begegnen können.

Sprich leise:
„Ich erlaube mir, Balance zu finden. Meine innere Stimme führt mich."

FRAGEN AN DEIN HERZ

Wo vertraue ich meiner Intuition schon – und wo noch nicht?
Welche Gegensätze dürfen in Balance kommen?
Wo wünsche ich mir mehr Vertrauen in die Führung des Lebens?

IMPULSE FÜR DEN HEUTIGEN TAG

Achte auf kleine Zeichen. Sie sind Botschaften deiner inneren Stimme.
Schenke dir ein paar Minuten Stille, um deinen Atem ganz bewusst wahrzunehmen.
Erinnere dich: Gegensätze sind keine Gegner, sondern deine Lehrer.

Diese zweite Rauhnacht schenkt dir die Erfahrung: Intuition ist stärker als Zweifel. Sie trägt dich durch jede Polarität, wenn du bereit bist, ihr zu folgen.

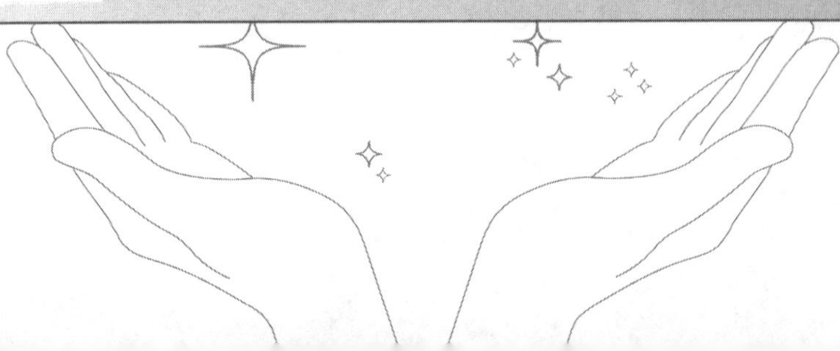

HERZÖFFNUNG, FREUDE, LIEBE

3. RAUHNACHT MÄRZ

Die Zahl DREI steht für... Kreaivität
Ausdruck
Entfaltung

Die dritte Rauhnacht lädt dich ein, dein Herz weit zu öffnen. Nach Neubeginn und Vertrauen bringt sie Bewegung, Lebendigkeit und Freude in dein Leben. Sie erinnert dich daran, dass dein Herz nicht dafür gemacht ist, sich klein zu halten, sondern Liebe zu empfinden und Freude zu teilen. Oft vergessen wir im Alltag, wie leicht uns Freude zufallen kann – durch ein Lächeln, ein Gespräch, einen kreativen Moment. In dieser Nacht darfst du dir erlauben, dein Herz nicht nur zu fühlen, sondern es strahlen zu lassen.

Die Drei gilt seit jeher als besondere Zahl: Vergangenheit, Gegenwart und Zukunft, die Phasen des Mondes, die drei Gestalten der Göttin. Sie trägt Rhythmus in sich – ein ständiges Werden, Sein und Vergehen. In dieser Nacht darfst du dich bewusst in diesen Fluss stellen und spüren, wie Leben in dir pulsiert. Liebe entsteht nicht im Außen, sondern in dir – und Freude ist nichts, das du dir verdienen musst, sondern dein Geburtsrecht.

BOTSCHAFT DER 3

Die Drei löst dich aus dem Entweder–Oder der Zwei und öffnet einen weiten Raum für neue Möglichkeiten. Sie lädt dich ein, spielerisch zu sein, dich auszuprobieren und deinem Herzen Raum zu geben. In ihrer Schwingung liegt die Freude, das Lachen, die Leichtigkeit – und zugleich die schöpferische Kraft, die aus deinem Innersten geboren wird.

Die *Engelszahl* 333 verstärkt diese Botschaft und flüstert dir zu, dass du auf deinem Weg nicht allein bist. Unterstützung ist da – sichtbar und unsichtbar. Dein Herz darf frei sprechen, deine Träume dürfen sich entfalten, und deine Projekte dürfen den Schritt ins Licht wagen.

Vertraue darauf, dass genau diese Lebendigkeit anziehend wirkt und dass dein Strahlen gebraucht wird.

ARCHETYPISCHE KRAFT

Die Drei trägt die archetypische Kraft der dreifachen Göttin – der Jungfrau, der Mutter und der Weisen. Sie verkörpert den Kreislauf des Lebens: Werden, Sein und Vergehen. In dir leben alle drei Archetypen – die Verspielte, die Nährende und die Weise – und gemeinsam schenken sie dir Ganzheit, Kreativität und inneren Frieden. Ihre Botschaft lautet:

Ehre jede deiner Gestalten, denn erst im Zusammenspiel all deiner Facetten entfaltet sich die wahre Fülle deines Herzens.

BLICK INS NEUE JAHR

Die dritte Rauhnacht steht für den Monat März – den Monat, in dem das Licht zurückkehrt, in dem Neues sichtbar wird. Vielleicht ist es ein Herzensprojekt, das du endlich nach außen bringen möchtest, vielleicht ein Teil von dir, der sich zeigen will.

Beobachte heute deine Träume und Eingebungen – sie können dir Hinweise geben, wo sich im März dein Herz öffnen darf.

Was möchte in mir sichtbarer werden?
Wo darf ich mein Herz mutig öffnen und
etwas von mir zeigen?

RITUAL DIESER NACHT „DIE DREI WEGE"

Wähle ein Thema, bei dem du dir gerade noch etwas unsicher bist.

Markiere nun zu diesem Thema drei Wege oder Plätze: „Das eine", „Das andere", „Etwas ganz anderes".

Gehe jeden Weg bewusst durch, spüre Chancen, Gefühle, Möglichkeiten.
Kehre zur Mitte zurück, lege die Hand aufs Herz und lausche: Welcher Weg ruft mich?

Sprich laut:
„Ich wähle Weg … und beginne morgen mit …."

FRAGEN AN DEIN HERZ

Was möchte mein Herz jetzt ausdrücken, wenn ich tief in mich hineinhöre und alle äußeren Ablenkungen beiseitelasse?
Welche dritte Möglichkeit habe ich bisher übersehen?
Was erfüllt mich mit Freude und bringt mein Herz zum schwingen?

IMPULSE FÜR DEN HEUTIGEN TAG

Nimm dir jeden Tag Zeit für kreativen Ausdruck – ohne Druck, einfach nur für dich selbst. Bitte eine vertraute Person, dir drei Eigenschaften zu spiegeln, die sie in dir wahrnimmt. Denk daran: Wenn du in einer Sackgasse steckst, gibt es immer eine dritte Möglichkeit.
Feier die kleinen Erfolge und schaffe einen Raum, in dem Kreativität und Intuition frei fließen können.

Diese dritte Rauhnacht
schenkt dir den Mut, mit Freude und
Liebe sichtbar zu werden.
Sie erinnert dich: Dein Herz kennt den Weg – und
die Drei schenkt dir die Kraft,
ihm zu folgen.

HERZÖFFNUNG, FREUDE, LIEBE

4. RAUHNACHT APRIL

Die Zahl VIER steht für... Fundament
Struktur
Stabilität

Mit der vierten Rauhnacht schließt sich das erste Drittel dieses heiligen Zeitraums. Die festlichen Tage sind vorbei, vieles fällt ab, und nun beginnt eine Phase der Klärung. Vielleicht spürst du es schon: Etwas in dir möchte sich neu ordnen.

Die Energie der Vier bringt dich zurück zu deinem Fundament. Sie schenkt dir Standfestigkeit und Sicherheit, damit du inmitten von Wandel Halt findest. Wandlung bedeutet nicht, alles umzustürzen. Sie bedeutet, bewusst zu wählen, welche Strukturen dich tragen dürfen und welche du jetzt hinter dir lassen möchtest.

In dieser Nacht lädt dich das Leben ein, dein inneres Gerüst zu prüfen und neu auszurichten. Alles, was dir nicht mehr entspricht, darf in Liebe gehen. Alles, was dir entspricht, darf sich festigen und wachsen. Transformation beginnt immer dort, wo du dich innerlich frei machst – auf einem sicheren Fundament.

BOTSCHAFT DER 4

Die Zahl Vier steht für die Kraft der Ordnung. Vier Himmelsrichtungen, vier Jahreszeiten, vier Elemente – sie alle geben Orientierung und erinnern dich daran: Wahre Stabilität entsteht aus Klarheit.

Die *Engelszahl* 444 verstärkt diese Botschaft. Sie sagt dir: Du bist geschützt, geführt und getragen. Auch wenn du Altes loslässt oder neue Schritte wagst – du bist nicht allein. Deine innere Struktur schenkt dir Sicherheit, während du dich veränderst.

Die Vier erinnert dich daran: Du kannst aus der Stabilität heraus mutig ins Neue gehen. Wandel braucht ein Fundament – und dieses Fundament liegt in dir.

ARCHETYPISCHE KRAFT

Die Vier die Hüterin der Ordnung. Sie baut Strukturen, sie hält den Raum, sie schafft Orientierung. Doch sie zeigt dir auch, dass jede Struktur lebendig bleiben muss. Ihre Botschaft lautet:

Wähle bewusst, welchen Rahmen du deinem Leben geben möchtest. Strukturen sind dazu da, dich zu stärken – nicht, dich einzuengen. Wandlung entsteht, wenn du dich innerlich befreist und deinem Leben eine Form gibst, die zu dir passt.

BLICK INS NEUE JAHR

Diese Rauhnacht öffnet das Tor zum Monat April – ein Monat, der wie das Leben selbst voller Überraschungen ist. Mal Sonne, mal Regen, mal Aufbruch, mal Rückzug. Er erinnert dich daran, dass nichts für immer gleich bleibt.

Es ist in Ordnung, wenn sich dein Leben verändert. Beobachte deine Träume und Gedanken – sie geben Hinweise darauf, wo du Strukturen erneuern darfst.

Wo darf sich in meinem Leben etwas verändern?
Welche Struktur fühlt sich nicht mehr stimmig an?

RITUAL DIESER NACHT „DIE VIER RICHTUNGEN"

Geh hinaus in die Natur und suche dir einen Baum, der dich ruft. Lege deine Hände an den Stamm und spüre seine Kraft.
Drehe dich nacheinander in die vier Himmelsrichtungen und frage:

- Im Süden: Welche Gefühle dürfen in Fluss kommen?
- Im Westen: Welche *materiellen Strukturen* (z.B. Finanzen, Routinen) möchte ich erneuern oder loslassen?
- Im Norden: Welche Gedanken und Überzeugungen engen mich ein und welche dürfen bleiben?
- Im Osten: Wofür brenne ich? Was möchte ich im neuen Jahr mit Freude gestalten?

Notiere deine Impulse und bedanke dich am Ende beim Baum. Erinnere dich daran, dass auch du verwurzelt bist und gleichzeitig in alle Richtungen wachsen darfst.

FRAGEN AN DEIN HERZ

Welche Strukturen tragen mich – und welche engen mich ein?
Was möchte ich bewusst hinter mir lassen, um auf einem festen Grund frei zu werden?
Wo wünsche ich mir mehr Klarheit, Ordnung und Orientierung?

IMPULSE FÜR DEN HEUTIGEN TAG

Räume heute etwas Altes weg – symbolisch oder ganz praktisch. Schaffe Platz durch Ordnung für das Neue.
Plane dir eine kleine, feste Routine, die dich durch das Jahr begleitet und dir Halt gibt.
Mach dir bewusst: Struktur ist kein Käfig, sondern ein Fundament für deine Freiheit.

4

Diese vierte Rauhnacht schenkt dir die Kraft der Klarheit. Sie zeigt dir, dass wahre Stabilität nicht starre Mauern bedeutet, sondern ein Fundament, das dir erlaubt, dich in Vertrauen und Leichtigkeit zu wandeln.

BEZIEHUNGEN, FREUNDSCHAFT, SELBSTLIEBE

5. RAUHNACHT MAI

Die Zahl FÜNF steht für... Menschlichkeit
Freiheit
Quintessenz

Mit der fünften Rauhnacht trittst du in einen neuen Abschnitt dieser besonderen Zeit. Nach den Fundamenten der Vier bringt die Fünf Lebendigkeit, Bewegung und Freiheit. Sie ist die Zahl des Menschen, der mit beiden Füßen auf der Erde steht und gleichzeitig den Kopf zum Himmel erhebt.

Die Fünf erinnert dich daran, dass du mehr bist als deine Strukturen. In dir vereinen sich die vier Elemente – Erde, Wasser, Feuer und Luft – und darüber hinaus das fünfte, geheimnisvolle Element: der Geist, die Quintessenz, die dein Leben durchdringt und Sinn schenkt.

In dieser Nacht darfst du spüren, dass wahre Freiheit nicht bedeutet, alles hinter dir zu lassen, sondern dich selbst in deiner Ganzheit zu erkennen. Freundschaften, Beziehungen und auch die Liebe zu dir selbst bekommen an diesem Punkt eine neue Tiefe. Denn erst, wenn du dich in deinem Wesen annimmst, kannst du dich auch im Du wirklich frei und ehrlich zeigen.

BOTSCHAFT DER 5

Die Zahl Fünf ist die Zahl des Menschen und der Lebenskraft. Sie zeigt uns die Balance zwischen den Grundelementen und erinnert uns daran, dass es immer auch eine Mitte gibt, aus der heraus wir handeln können. Sie schenkt Bewegung, Neugier und die Lust, neue Wege auszuprobieren.

Die *Engelszahl* 555 kündigt Aufbruch an. Sie erinnert dich daran, dass Veränderung Teil des Lebens ist – und dass sie dich nicht schwächt, sondern lebendiger macht. In jeder Veränderung steckt die Einladung, mehr du selbst zu werden.

Die Fünf sagt dir: Wage es, deinen Platz einzunehmen. Öffne dich für die Liebe in all ihren Formen – zur Welt, zu anderen Menschen und vor allem zu dir selbst.

ARCHETYPISCHE KRAFT

Die Fünf trägt die archetypische Kraft der Sucherin – sie geht hinaus, erkundet Neues und findet darin ihre eigene Wahrheit. Sie erinnert dich daran, dass du mit Himmel und Erde verbunden bist und eine unerschöpfliche Lebenskraft in dir trägst. Ihre Botschaft lautet:

Sei mutig, dich selbst zu entdecken – deine Einzigartigkeit ist kein Fehler, sondern dein Geschenk.

BLICK INS NEUE JAHR

Die fünfte Rauhnacht öffnet das Tor zum Monat Mai – dem Monat der Blüte und des Aufbruchs. Es ist die Zeit, in der die Natur in voller Kraft steht und alles sich vernetzt. Auch in deinem Leben können in diesem Monat Freundschaften, Verbindungen und Beziehungen eine neue Bedeutung bekommen.

Erkenne darin welche Verbindungen dir wirklich guttun – und wo du dich vielleicht zu sehr anpasst.

Welche Verbindungen nähren mich wirklich?
Wo darf ich in Beziehungen mehr ich selbst sein?

RITUAL DIESER NACHT „DER KREIS DER FÜNF"

Suche dir fünf Symbole aus, die für dich die wichtigsten Elemente deines Lebens repräsentieren (z. B. Familie, Freund-schaft, Selbstliebe, Berufung, Spiritualität).

Lege sie im Kreis vor dich, so dass ein Mittelpunkt entsteht.
Setze dich in die Mitte und spüre: Alles, was dich trägt, ist verbunden.

Betrachte jedes Symbol einzeln und frage dich:
Was stärkt mich hier? Was darf sich verändern?

Schließe die Augen, lege deine Hände auf dein Herz und sprich:
„Ich erkenne meine Mitte. Aus ihr heraus lebe und liebe ich frei."

FRAGEN AN DEIN HERZ

Wo erlebe ich echte, nährende Verbindung?
Wie kann ich meine Freundschaften und Beziehungen liebevoller gestalten?
Wo darf ich mich selbst mehr in den Mittelpunkt stellen, ohne Schuldgefühle?

IMPULSE FÜR DEN HEUTIGEN TAG

Notiere heute fünf Dinge, die du an dir selbst schätzt. Ruf einen Freund oder eine Freundin an, mit dem oder der du schon länger nicht mehr gesprochen hast, und stelle eine bewusste Verbindung her.
Achte im Alltag auf deine „fünfte Kraft" – jenen inneren Funken, der dir das Gefühl von Lebendigkeit verleiht.

Die fünfte Rauhnacht erinnert dich daran:
Freiheit beginnt in dir. Sie schenkt dir die Erkenntnis, dass Selbstliebe die Grundlage für jede Verbindung ist – und dass du in deiner Einzigartigkeit vollständig bist. Von hier aus darfst du Freundschaft, Liebe und Gemeinschaft in einer neuen Tiefe erfahren.

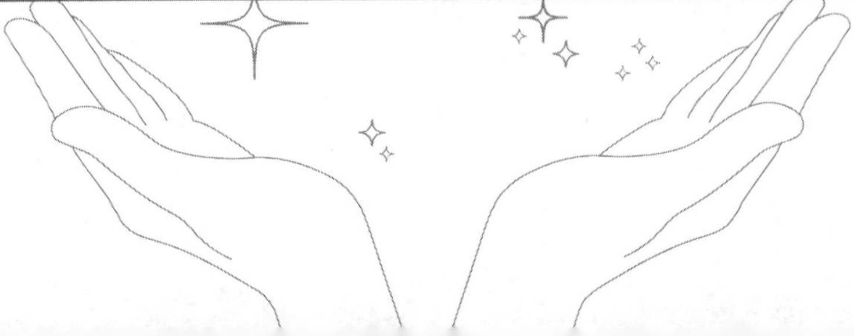

BEREINIGUNG, LOSLASSEN, VERZEIHEN

6. RAUHNACHT JUNI

Die Zahl SECHS steht für...

Harmonie
Fürsorge
Heilung

Mit der sechsten Rauhnacht erreichst du die Mitte des Zyklus. Sechs Nächte liegen bereits hinter dir – und genau in dieser Mitte wirst du eingeladen, leichter zu werden. Es geht darum, Ballast abzugeben, innere Räume zu reinigen und dich von dem zu lösen, was dich beschwert.

Die Energie der Sechs trägt eine große Kraft der Heilung. Sie erinnert dich daran, dass Harmonie nicht durch Perfektion entsteht, sondern durch Ausgleich. Vielleicht spürst du, dass in dir noch alte Geschichten nachwirken – Verletzungen, unausgesprochene Worte, unerfüllte Erwartungen.

Diese Nacht schenkt dir die Möglichkeit, Frieden einziehen zu lassen. Verzeihen heißt nicht, gutzuheißen, was geschehen ist. Es bedeutet, dich von der Schwere zu befreien, die du bisher getragen hast.

BOTSCHAFT DER 6

Die Zahl Sechs verbindet Liebe und Fürsorge. Sie ist die Zahl des Herzens, die dich daran erinnert, dass Heilung immer mit dir beginnt. Indem du dich selbst annimmst, in all deinen Facetten, entsteht Raum für Leichtigkeit.

Die *Engelszahl* 666 verstärkt dies: Sie sagt dir, dass es an der Zeit ist, dich in Balance zurückzuführen. Dort, wo du in Extreme gefallen bist – zu viel geben, zu viel erwarten, zu viel festhalten – darfst du nun in die Mitte zurückkehren.

Die Botschaft lautet: Alles, was du loslässt, schenkt dir Freiheit.

ARCHETYPISCHE KRAFT

Archetypisch verkörpert die Sechs die Heilerin. Sie trägt das tiefe Wissen, dass Liebe die stärkste Medizin ist. Sie hält den Raum für Versöhnung – mit anderen, aber auch mit dir selbst. In ihrer Kraft liegt die Einladung, alte Wunden nicht länger zu verdrängen, sondern sie mit Mitgefühl zu betrachten und heilen zu lassen. Ihre Botschaft lautet:

Heilung geschieht nicht im Kampf, sondern in der Hingabe. Erlaube dir, loszulassen – und du wirst erfahren, wie viel leichter dein Weg wird.

BLICK INS NEUE JAHR

Diese Rauhnacht öffnet das Tor zum Juni, der oft ein Monat des Lichts und der Fülle ist. Doch wahre Fülle kann sich nur entfalten, wenn Platz dafür da ist. Achte deshalb auf die Zeichen dieser Nacht. Vielleicht zeigen dir Träume oder Gedanken, wovon du dich noch lösen darfst.

Juni schenkt dir die Möglichkeit, in Liebe neu zu erblühen – wenn du bereit bist, das Alte in Frieden gehen zu lassen.

Was darf ich in Liebe loslassen?
Welche Form von Liebe möchte ich in meinem Leben wachsen lassen – zu mir selbst, zu anderen oder zum Leben an sich?

RITUAL DIESER NACHT „REINIGUNG DURCH FEUER UND WASSER"

Dieses Ritual hilft dir, Altes loszulassen und dich innerlich zu klären. Bereite zwei Schalen vor: eine mit Wasser, eine mit einer kleinen Kerze oder Teelicht.

Schreibe auf einen Zettel, was du heute loslassen möchtest – ein Gefühl, eine Sorge, eine alte Geschichte.

Entzünde die Kerze und halte den Zettel kurz über die Flamme. Sage:
„Ich erkenne an, was war. Ich danke und lasse los."

Lege den Zettel anschließend in die Schale mit Wasser. Spüre, wie sich die Schwere auflöst und in Leichtigkeit verwandelt.
Atme tief ein und stell dir vor, wie dein Herz leichter wird und mehr Raum für Liebe bekommt.

FRAGEN AN DEIN HERZ

Was darf ich heute loslassen, um leichter weiterzugehen?
Wem oder was möchte ich vergeben – vielleicht auch mir selbst?
Wo wünsche ich mir Heilung und innere Balance?

IMPULSE FÜR DEN HEUTIGEN TAG

Gönne dir heute bewusst eine kleine Reinigung – räume eine Ecke deines Zuhauses frei oder gehe an die frische Luft und spüre, wie Altes von dir abfällt.
Sprich dir selbst liebevoll zu: „Ich verdiene Frieden. Ich lasse los und öffne mich für Neues."
Erinnere dich daran, dass Loslassen kein Verlust ist, sondern die größte Einladung an das Leben, dich neu zu beschenken.

Diese sechste Rauhnacht erinnert dich daran, dass du nicht alles tragen oder ertragen musst. In dem Moment, in dem du dich befreist, findest du zurück in deine Mitte. Harmonie entsteht dort, wo Liebe stärker ist als alte Geschichten – und wo du dir selbst erlaubst, in Leichtigkeit weiterzugehen.

VORBEREITUNG, NEUES KAPITEL

7. RAUHNACHT
JULI

Die Zahl SIEBEN steht für...

Spiritualität
Erkenntnis
Weisheit

Mit der siebten Rauhnacht beginnt die zweite Hälfte dieser besonderen Zeit. Nach den Wandlungen und dem Loslassen der vergangenen Nächte ruft sie dich in die Stille – wie eine sanfte Atempause, um bei dir selbst anzukommen, aufzutanken und dich neu auszurichten.

Die Sieben gilt seit jeher als Zahl der Verbindung und des inneren Wissens. Sie zeigt sich in den sieben Tagen der Woche, den sieben Farben des Regenbogens, den sieben Tönen und Chakren – und erinnert dich daran, dass alles einem größeren Rhythmus folgt.

In dieser Nacht darfst du dich von diesem Rhythmus berühren lassen. Spüre, was wirklich wichtig ist, und richte deine Aufmerksamkeit nicht auf das, was noch zu tun wäre, sondern auf das, was deine Seele jetzt braucht.

BOTSCHAFT DER 7

Die Sieben ist die Zahl der Innenschau. Sie erinnert dich daran, dass jede äußere Vorbereitung ihre Kraft aus der Stille im Inneren bezieht. Wenn du dich nach Klarheit sehnst, beginne damit, dir selbst zuzuhören.

Die *Engelszahl* 777 verstärkt diese Botschaft: Sie ruft dich auf, deinem inneren Wissen zu vertrauen. Auch wenn du vielleicht noch nicht alle Antworten hast, darfst du dich getragen wissen.

Die Sieben sagt dir: Deine Seele kennt den Weg – und je mehr du dir Zeit für Ruhe, Stille und Verbundenheit nimmst, desto klarer wird er sich zeigen.

ARCHETYPISCHE KRAFT

Archetypisch verkörpert die Sieben die Sucherin – jene Kraft in uns, die nach Wahrheit strebt, die Fragen stellt und den Mut hat, hinter die Oberfläche zu schauen. Sie sucht nicht nach schnellen Lösungen, sondern nach tiefer Erkenntnis. Ihre Botschaft lautet:

Du darfst heute innehalten. Es geht nicht darum, sofort nach außen zu handeln, sondern deine innere Weisheit wahrzunehmen. Alles, was sich im Außen entfalten soll, wächst zuerst in dir.

BLICK INS NEUE JAHR

Die siebente Rauhnacht öffnet den Blick auf den Monat Juli – eine Zeit der Reife, des Lichts und auch der Klarheit. Was jetzt in dir Gestalt annimmt, kann dir Hinweise geben, wo du im Sommer dein Leben neu ausrichten darfst.

Achte auf deine Träume, deine Gedanken und die kleinen Zeichen des Tages. Sie können dir zeigen, wo dein Herz mehr Ruhe, Balance und Bewusstheit braucht.

Wo wünsche ich mir mehr Ruhe und innere Balance?
In welchem Lebensbereich darf jetzt mehr Klarheit entstehen?

RITUAL DIESER NACHT „DIE SIEBEN ATEMZÜGE"

Dieses einfache Ritual hilft dir, innere Klarheit zu finden und dich auf das Wesentliche auszurichten.

Setze dich in einen ruhigen Raum, zünde eine Kerze an und lege deine Hände auf dein Herz.
Atme bewusst sieben tiefe Atemzüge ein und aus. Zähle sie leise mit.

Mit jedem Atemzug lass etwas los, was dich noch beschwert.
Mit jedem Einatmen stelle dir vor, wie mehr Ruhe, Licht und Vertrauen in dich hineinströmt.

Sprich am Ende laut oder leise: „Ich vertraue meiner inneren Führung. Ich bin bereit für ein neues Kapitel."

FRAGEN AN DEIN HERZ

Was ist mir jetzt wirklich wichtig?
Wo spüre ich, dass mein Herz nach Ruhe und Klarheit ruft?
Wofür möchte ich mich im neuen Jahr bewusst öffnen?

IMPULSE FÜR DEN HEUTIGEN TAG

Nimm dir heute Zeit für eine Pause – auch wenn es nur ein paar Minuten sind. Spüre, wie dich Stille stärkt.
Schreibe sieben Dinge auf, für die du dankbar bist. Dankbarkeit bringt dich sofort ins Vertrauen.
Erinnere dich daran: Vorbereitung geschieht nicht nur durch Tun, sondern vor allem durch Sein.

Die siebente Rauhnacht schenkt dir die Kraft der Innenschau. Sie erinnert dich daran, dass Klarheit aus der Stille wächst. Du musst nicht alles sofort wissen oder entscheiden – dein Herz zeigt dir Schritt für Schritt, wohin dich dein Weg im neuen Jahr führen möchte.

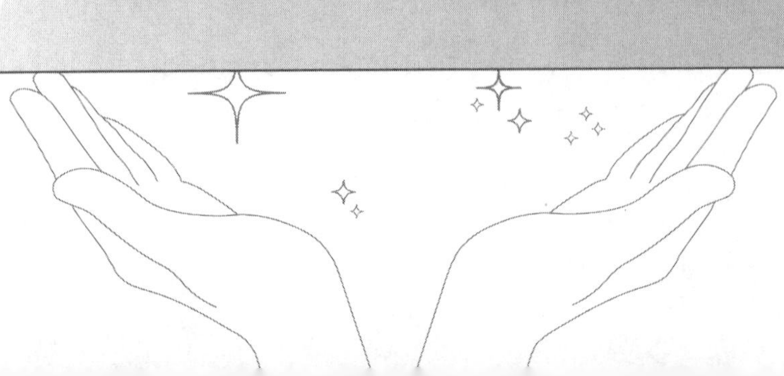

NEUGEBURT, FÜLLE, MANIFESTATION

8. RAUHNACHT

AUGUST

Die Zahl ACHT steht für...

Kraft
Balance
Vollendung

Die achte Rauhnacht fällt auf Silvester – eine Schwelle inmitten der Schwellenzeit. Es ist der Moment, Altes zu verabschieden und Neues zu begrüßen, in Stille, Achtsamkeit und innerer Sammlung. Alles darf sich wandeln, und du darfst bewusst spüren, was du mitnehmen und was du hinter dir lassen möchtest.

Die Acht ist die Zahl der Unendlichkeit. Sie erinnert dich daran, dass jeder Neubeginn Teil eines größeren Kreislaufs ist. Wie das Rad der Zeit sich weiterdreht, darfst auch du spüren: Dein Leben folgt einem Rhythmus, der größer ist als der Augenblick. In dieser Nacht verbinden sich Himmel und Erde, Vergangenheit und Zukunft, Vision und Wirklichkeit.

Ihre Energie schenkt Mut und Vertrauen. Sie lädt dich ein, loszulassen und gleichzeitig bewusst einzuladen, was im neuen Jahr wachsen darf. Alles, was du heute in Liebe segnest, kann dich im kommenden Jahr begleiten.

BOTSCHAFT DER 8

Die Zahl Acht steht für Kraft, Stabilität und die Fülle des Lebens. Sie erinnert dich daran, dass du mit beiden Beinen im Leben stehen darfst, während du gleichzeitig deine Träume nach oben wachsen lässt.

Die *Engelszahl* 888 verstärkt diese Botschaft. Sie zeigt dir: Dein Weg ist von Wohlstand, innerer Stärke und Fülle begleitet. Vielleicht nicht immer in der Form, wie du es erwartest, doch immer so, dass es dich weiterbringt.

Heute darfst du dich fragen: Was möchte ich bewusst einladen? Welche Samen will ich setzen, die im neuen Jahr wachsen dürfen?

ARCHETYPISCHE KRAFT

Archetypisch verkörpert die Acht die Hüterin des Gleichgewichts. Sie steht aufrecht, doch in ihr ruht die liegende Acht – das Symbol der Ewigkeit. Diese Kraft erinnert dich daran, dass wahre Fülle entsteht, wenn Geben und Nehmen im Einklang sind. Ihre Botschaft lautet:

Vertraue darauf, dass das Leben dich versorgt, wenn du dich öffnest. Heute darfst du in die Größe treten, die dir zusteht – nicht aus Ego, sondern aus dem Wissen, dass du Teil eines unendlichen Kreislaufs bist.

BLICK INS NEUE JAHR

Die achte Rauhnacht öffnet den Blick in den August – die Zeit der Ernte, des Reichtums und der Reife. Was du in dieser Nacht säst, kann sich im Sommer in voller Kraft zeigen.

Achte auf deine Träume und Eingebungen – sie geben dir Hinweise, wo im neuen Jahr deine Fülle sichtbar werden möchte.

Wo darf in meinem Leben noch mehr an Fülle & Wohlstand sichtbar werden? Was möchte ich jetzt säen, damit es im Sommer in voller Kraft erblühen kann?

RITUAL DIESER NACHT „DAS BAND DER UNENDLICHKEIT"

Zünde eine Kerze an und lege ein Blatt Papier vor dich.

Zeichne eine liegende Acht – das Zeichen der Unendlichkeit.

In die eine Schleife schreibe, was du loslassen möchtest.

In die andere Schleife schreibe, was du im neuen Jahr einladen willst.

Lege die Hand auf die Mitte der Acht und sprich laut:
„Ich lasse los, was mir nicht mehr dient. Ich öffne mich für das, was wachsen darf."

Falte das Blatt, bewahre es in deinem Tagebuch oder Ritualbuch auf oder verbrenne es bewusst als Symbol des Neubeginns.

FRAGEN AN DEIN HERZ

Wo wünsche ich mir mehr Fülle in meinem Leben?
Was darf sich jetzt wandeln, damit Neues entstehen kann?
Wie kann ich Balance zwischen Geben und Nehmen finden?

IMPULSE FÜR DEN HEUTIGEN TAG

Beginne das neue Jahr mit einer kleinen Geste der Dankbarkeit – danke dem alten Jahr für alles, was es dir gebracht hat.
Schaffe heute ein Ritual des Neubeginns, sei es ein Spaziergang, ein Brief an dich selbst oder ein stiller Moment am Fenster.

Erinnere dich: *Jeder Tag ist eine neue Chance, deine Kraft und Fülle sichtbar werden zu lassen.*

Die achte Rauhnacht ist ein Tor in ein neues Kapitel. Sie schenkt dir die Gewissheit, dass du getragen bist von einem ewigen Rhythmus, in dem alles seinen Platz hat – das Loslassen wie das Neubeginnen, die Stille wie die Fülle. Vertraue darauf: Was heute in deinem Herzen geboren wird, darf im neuen Jahr sichtbar werden.

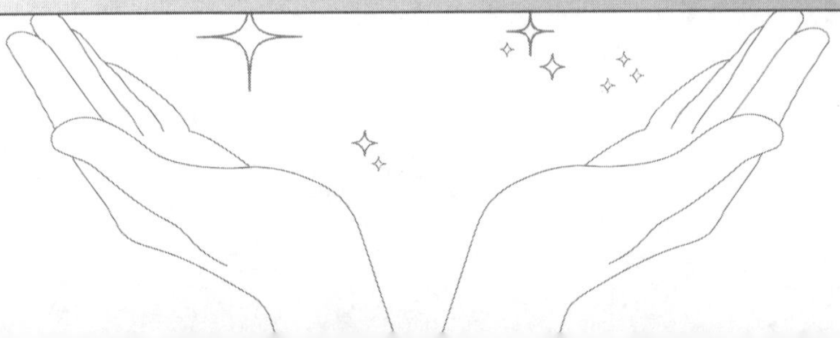

SEGEN, VOLLENDUNG & FÜLLE

9. RAUHNACHT SEPTEMBER

Die Zahl NEUN steht für...

Mitgefühl
Abschluss
Reife

Die neunte Rauhnacht ist eine ganz besondere Schwelle: Sie öffnet das neue Jahr. Mit ihr beginnt nicht nur ein frischer Monat in den Rauhnächten, sondern auch ein neues Kapitel deines Lebens. Der erste Tag des Jahres liegt vor dir wie ein unbeschriebenes Blatt – klar, rein und voller Möglichkeiten.

Die Zahl Neun trägt die Kraft der Vollendung. Sie erinnert dich daran, dass jeder Abschluss auch einen neuen Anfang in sich trägt. Vielleicht spürst du heute, wie vieles in deinem Leben seinen Platz gefunden hat – und wie du gleichzeitig offen bist für das, was entstehen will.

In dieser Nacht geht es darum, mit Dankbarkeit zurückzublicken und gleichzeitig Segen und Fülle in dein neues Jahr einzuladen.

BOTSCHAFT DER 9

Die Neun gilt als Zahl der Weisheit und des Mitgefühls. Sie vereint die Erfahrungen der vergangenen Zyklen und führt sie in eine höhere Form der Reife. Sie sagt dir: Alles, was du erlebt hast, hat dich zu dem Menschen gemacht, der du heute bist.

Die *Engelszahl* 999 verstärkt diese Botschaft. Sie zeigt dir, dass ein Zyklus abgeschlossen ist – und dass du gesegnet bist, wenn du dich dem Neuen öffnest.

Es ist, als ob dir das Leben zuflüstert:
„Alles ist erfüllt. Nun darfst du weitergehen."

ARCHETYPISCHE KRAFT

Archetypisch verkörpert die Neun die Weise, die Hüterin der Reife. Sie blickt mit Liebe und Mitgefühl auf das, was war, und segnet es. Gleichzeitig öffnet sie den Raum für Neues. Sie zeigt dir, dass Vollendung nicht Stillstand bedeutet, sondern dass in jedem Ende ein Neubeginn liegt. Ihre Botschaft lautet:

Schätze, was war, segne es – und wende dich mit offenem Herzen dem zu, was kommt.

BLICK INS NEUE JAHR

Diese Rauhnacht öffnet den Weg in den September – eine Zeit der Ernte, der Reife und der Dankbarkeit. So wie die Natur im Spätsommer Früchte trägt, wirst auch du sehen, welche Samen in deinem Leben gewachsen sind. Die Energie lädt dich ein, die Fülle deines Lebens wahrzunehmen und gleichzeitig zu fragen:

Was möchte ich säen, damit es im nächsten Herbst Früchte trägt?

Wofür bin ich in meinem Leben gerade dankbar – was ist in diesem Jahr gewachsen?
Wie kann ich die Fülle, die jetzt da ist, achtsam würdigen und weitertragen?

RITUAL DIESER NACHT „SEGEN FÜR DAS NEUE JAHR"

Dieses einfache Ritual schenkt dir Klarheit, Dankbarkeit und Ausrichtung.
Zünde eine Kerze an und lege deine Hände an dein Herz.

Sprich laut drei Dinge aus, für die du im alten Jahr dankbar bist.

Schreibe auf ein Blatt drei Wünsche oder Qualitäten, die du ins neue Jahr einladen möchtest.

Halte das Blatt über die Kerze (nicht ins Feuer halten) und segne deine Worte mit Licht. Bewahre es in deinem Tagebuch oder an einem besonderen Ort auf.

So verbindest du das Alte mit dem Neuen – und trägst den Segen dieser Nacht in dein Jahr hinein.

FRAGEN AN DEIN HERZ

Wofür bin ich im alten Jahr dankbar?
Was darf ich mit Liebe und Mitgefühl abschließen?
Welche Qualitäten möchte ich in diesem Jahr leben?
Womit möchte ich mein Leben segnen, damit es mich stärkt und nährt?

IMPULSE FÜR DEN HEUTIGEN TAG

Beginne das Jahr bewusst – vielleicht mit einem Spaziergang in der Natur, einem besonderen Frühstück oder einem Moment der Stille nur für dich.
Schreibe einen Segenssatz für dein Jahr auf einen Zettel und lege ihn sichtbar in dein Zuhause.
Mach dir bewusst: *Du trägst die Fülle und den Segen bereits in dir – das neue Jahr darf es dir nur noch zeigen.*

Die neunte Rauhnacht erinnert dich daran, dass du gesegnet bist – durch alles, was du erlebt hast, und durch alles, was vor dir liegt. Sie schenkt dir die Kraft der Vollendung und öffnet dein Herz f ür die Fülle des neuen Jahres. Heute darfst du mit Dankbarkeit loslassen und voller Vertrauen neu beginnen.

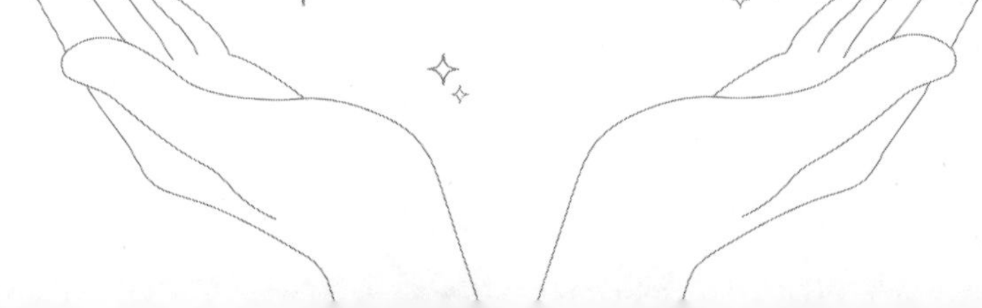

VISIONEN & MÖGLICHKEITEN

10. RAUHNACHT OKTOBER

Die Zahl ZEHN steht für...

Neubeginn
Potenzial
Entwicklung

Die zehnte Rauhnacht trägt die Energie von Neubeginn und Möglichkeiten. Nach den Übergängen und Heilungsprozessen der letzten Nächte öffnet sich nun ein Raum der Klarheit. Es ist der Moment, in dem du spüren darfst, welche Richtung dich wirklich ruft.

Die Zahl Zehn vereint die Eins und die Null. Die Eins schenkt dir den Mut, neu zu beginnen, die Null erinnert dich an das unendliche Potenzial, das in jedem Anfang liegt. So wie ein neuer Tag die Chance trägt, dein Leben ein Stück zu verwandeln, so zeigt dir auch diese Rauhnacht, dass deine Träume Wege finden können.

Die Engelszahl 1010 verstärkt diese Energie und flüstert dir zu: Du bist geführt, deine Visionen sind der Ausdruck deiner Seele, und alles, was du dafür brauchst, ist bereits in dir.

BOTSCHAFT DER 10

Die Zehn erinnert dich daran, dass jeder Abschluss auch ein Tor in neue Möglichkeiten ist. Sie lädt dich ein, nicht nur zurückzublicken, sondern bewusst nach vorne zu sehen. Welche Bilder entstehen, wenn du dir erlaubst, groß zu träumen? Welche Wege öffnen sich, wenn du dich traust, dem ersten Impuls zu folgen?

Die *Engelszahl* 1010 zeigt dir, dass deine innere Ausrichtung jetzt entscheidend ist. Gedanken, die aus Vertrauen geboren sind, wirken wie ein Magnet für das Neue.

Was in deinem Herzen beginnt, hat die Kraft, sich im Außen zu entfalten.

ARCHETYPISCHE KRAFT

Archetypisch verkörpert die Zehn den Visionär, die Visionärin. Diese Kraft sieht über den Horizont hinaus, erkennt Möglichkeiten, die noch nicht sichtbar sind, und folgt der inneren Stimme, die sagt: „Da gibt es mehr für dich." In dieser Rauhnacht darfst du selbst in diese Rolle treten. Ihre Botschaft lautet:

Deine Visionen sind nicht zufällig – sie sind Spuren deiner Seele, die dich in deine volle Lebendigkeit führen.

BLICK INS NEUE JAHR

Der Oktober ist der Monat der Ernte und der Reife. Er zeigt dir, was du geschaffen hast, und schenkt dir zugleich den Raum, neue Samen zu setzen. Diese Rauhnacht öffnet dir das Tor zu deinem eigenen Potenzial. Wenn du deine Visionen klar siehst, wirst du auch den Mut finden, die ersten Schritte zu gehen.

Vertraue darauf, dass sich Türen öffnen, wenn du bereit bist, sie zu durchschreiten.

Worauf darf ich jetzt stolz sein – was ist in meinem Leben gereift?
Welche Tür möchte ich im neuen Jahr mutig öffnen?

RITUAL DIESER NACHT „DIE LANDKARTE DER MÖGLICHKEITEN"

Nimm ein Blatt Papier und zeichne in die Mitte ein Symbol für dich – vielleicht ein Herz, eine Sonne oder einfach deinen Namen.

Lass Linien oder Wege von diesem Mittelpunkt ausgehen und schreibe an die Enden deine Träume und Sehnsüchte: kleine Wünsche, große Visionen, Projekte oder Lebensgefühle.

Halte das Blatt in den Händen und spüre hinein: Wo wird es warm in dir? Wo fühlst du Aufregung und Freude? Markiere genau diese Stellen – hier liegt deine stärkste Kraft.
Suche dir eine dieser Visionen aus und finde den ersten kleinen Schritt, der dich dorthin führt. So bringst du deine innere Landkarte ins Leben.

FRAGEN AN DEIN HERZ

Welche Bilder tauchen auf, wenn ich an das kommende Jahr denke?
Wo spüre ich Freude und Begeisterung, wenn ich mir Neues erlaube?
Welche Sehnsucht in mir möchte jetzt sichtbar werden?

IMPULSE FÜR DEN HEUTIGEN TAG

Schreibe dir deine Visionen auf, auch wenn sie dir groß erscheinen. Worte machen sie greifbar.
Suche dir eine Vision aus und setze bewusst den ersten Schritt, auch wenn er klein wirkt.

Erinnere dich daran: *Dein Herz kennt den Weg. Wenn du ihm folgst, zeigen sich Möglichkeiten, die du heute vielleicht noch nicht sehen kannst.*

10

Die zehnte Rauhnacht schenkt dir den Mut, deine Visionen ernst zu nehmen. Sie erinnert dich daran, dass deine Träume nicht zufällig sind, sondern Spuren deiner Seele. Alles, was du brauchst, liegt bereits in dir – die Freude, die Kraft und die Klarheit, dein neues Kapitel zu beginnen.

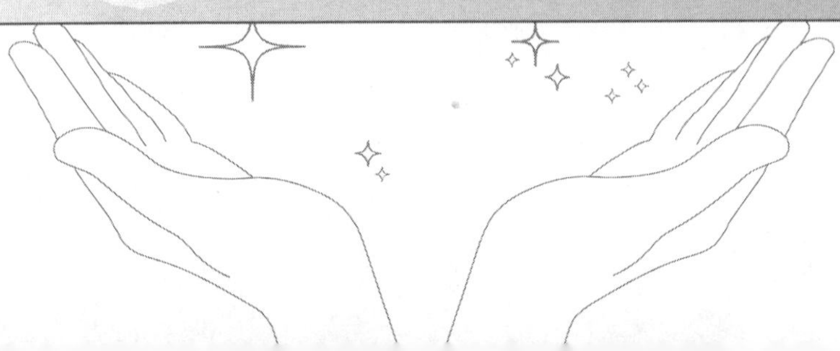

VERGÄNGLICHKEIT, HINGABE & FLUSS

11. RAUHNACHT NOVEMBER

Die Zahl ELF steht für...

Meisterzahl
Inspiration
Hingabe

Die elfte Rauhnacht trägt die Energie von Hingabe und Vertrauen. Nach den Visionen und Möglichkeiten der Zehn geht es hier darum, dich nicht zu verkrampfen, sondern das Leben fließen zu lassen. Vergänglichkeit bedeutet nicht Verlust, sondern Wandlung. Alles ist in Bewegung – so wie die Jahreszeiten, so wie das Wasser, das niemals stillsteht.

Die Zahl Elf gilt als Meisterzahl. Sie öffnet dich für Intuition, für Eingebungen, die jenseits des Verstandes liegen. Vielleicht spürst du in dieser Nacht eine leise Klarheit, die dir zeigt: Du musst nicht alles kontrollieren. Manchmal ist es genug, dich hinzugeben – und zu vertrauen, dass das Leben dich trägt.

Die Engelszahl 11:11 erinnert dich daran, wach zu bleiben. Diese Zahl gilt vielen als Toröffnung – ein Zeichen, dass du geführt bist. Deine Seele spricht jetzt besonders deutlich, wenn du ihr Raum gibst.

BOTSCHAFT DER 11

Die Elf bricht aus dem Gewohnten aus. Sie ist keine „runde Zahl" und schenkt dir gerade deshalb die Inspiration, über den Tellerrand zu schauen. Sie lädt dich ein, alte Muster zu hinterfragen und dich für neue Wege zu öffnen.

Als *Engelszahl* 11 steht sie für Erwachen, Intuition und spirituelle Führung. Sie erinnert dich daran, dass du geführt wirst – durch innere Impulse, Zeichen und Begegnungen. Wenn die Zehn den Abschluss und Neubeginn markiert, ist die Elf das Weitergehen – ein Schritt ins Unbekannte.

Vertraue darauf, dass du nicht allein gehst. Im Fluss des Lebens findest du Halt, auch wenn du nicht jeden Stein siehst, auf den du trittst.

ARCHETYPISCHE KRAFT

Archetypisch verkörpert die Elf die Weise Narrin, die das Leben mit Leichtigkeit und Hingabe nimmt. Sie erinnert dich daran, dass Freiheit entsteht, wenn du die Kontrolle ein Stück weit loslässt. Ihre Kraft zeigt dir, dass Intuition und Inspiration wachsen, wenn du dich nicht an starre Strukturen klammerst. Ihre Botschaft lautet:

Vertraue dem Leben und geh mutig deinen eigenen Weg – Leichtigkeit ist der Schlüssel zu wahrer Freiheit.

BLICK INS NEUE JAHR

Die elfte Rauhnacht öffnet das Tor zum Monat November – eine Zeit des Rückzugs und der Stille, in der die Natur dir Vergänglichkeit vor Augen führt. Blätter fallen, Tage werden kürzer, vieles geht zu Ende – und doch liegt darin eine tiefe Schönheit. Eine Einladung dich mit dieser Qualität zu verbinden:

Mit dem Vertrauen, dass im Loslassen Raum für Neues entsteht.

Was darf ich jetzt in Liebe loslassen, damit Neues entstehen kann?
Wie kann ich die Stille des Rückzugs als Quelle von Kraft und Klarheit erleben?

RITUAL DIESER NACHT „IN DEN FLUSS GEBEN"

Nimm ein Blatt Papier und schreibe darauf, was du loslassen möchtest – Gedanken, Muster, Sorgen oder etwas, das dich festhält.

Falte das Blatt zusammen, lege es in eine Schale mit Wasser und sieh zu, wie es sich langsam auflöst oder wellt.
Sprich leise: „Ich gebe mich dem Fluss des Lebens hin. Alles findet seinen Weg."

Lass das Wasser für einige Stunden stehen, bevor du es später draußen in die Natur gießt.

FRAGEN AN DEIN HERZ

Wo halte ich noch fest, obwohl es längst gehen darf?
Wo darf ich mich mehr dem Leben hingeben, statt es kontrollieren zu wollen?
Wie fühlt sich Vertrauen für mich an?

IMPULSE FÜR DEN HEUTIGEN TAG

Übe dich heute darin, alltägliche Dinge neu zu gestalten – gehe bewusst unkonventionelle Wege und breche alte Gewohnheiten spielerisch auf. Denke daran, Vergänglichkeit bedeutet kein Ende, sondern ist Teil des Wandels. In dem Moment, in dem du loslässt, entfaltet sich deine innere Freiheit.

11

Die elfte Rauhnacht schenkt dir die Kraft, dich hinzugeben. Sie erinnert dich daran, dass du nicht alles halten musst. Im Vertrauen auf den Fluss des Lebens findest du Ruhe, Klarheit und die Freiheit, dich neu auszurichten.

INTEGRATION & AUSRICHTUNG

12. RAUHNACHT
5. JANUAR

Die Zahl ZWÖLF steht für...

Ganzheit
Ordnung
Vollendung

Mit der zwölften Rauhnacht vollendet sich der Kreis. Die Reise durch die zwölf Nächte hat dir Bilder, Gefühle und Impulse gezeigt, die wie ein Spiegel für dein kommendes Jahr wirken. Jetzt darfst du innehalten und all das zusammenfügen. Integration bedeutet, die einzelnen Teile zu einem Ganzen zu verbinden. Ausrichtung bedeutet, aus diesem Ganzen heraus deine Richtung für das neue Jahr zu spüren.

Diese Nacht lädt dich ein, zu erkennen: *Alles, was du erfahren hast, darf jetzt einen Platz finden.* Es geht nicht darum, perfekt zu sein oder sofort zu wissen, wie dein Weg aussehen soll. Vielmehr geht es darum, den Mut zu finden, deinem inneren Kompass zu vertrauen und Schritt für Schritt weiterzugehen. Lass dich von der Magie der Rauhnächte inspirieren! Sie erinnern dich daran, *dass jeder Moment eine neue Chance bietet, deine Träume zu verwirklichen.* Vertraue auf deine innere Weisheit und lass dein Licht hell erstrahlen, während du voller Zuversicht und Freude in das neue Jahr schreitest.

BOTSCHAFT DER 12

Die Zwölf ist eine Zahl der Vollkommenheit. Sie zeigt uns den Kreislauf des Lebens in all seinen Facetten: zwölf Monate, zwölf Tierkreiszeichen, zwölf Stunden auf der Uhr. Sie steht für Ordnung und für das Gefühl, dass wir eingebettet sind in ein größeres Ganzes.

Die *Engelszahl* 1212 ist ein strahlendes Symbol positiver Ener-gie und ein Schlüssel zur Entdeckung der eigenen Lebensreise. Sie gibt dir die Kraft, an dein wahres Selbst und an das Potenzial für Neuanfänge zu glauben. Sie ermutigt dich, dich auf deinen Lebensweg zu fokussieren und mutig aus deiner Komfortzone herauszutreten.

Du musst nicht alles kontrollieren – es genügt, dich auszurichten und zu vertrauen, dass das Leben dich trägt.

ARCHETYPISCHE KRAFT

Archetypisch verkörpert die Zwölf die Hüterin der Vollständigkeit. Sie sammelt, was vorher zerstreut war, und bringt es in eine Form, die dich stärkt. Sie erinnert dich daran, dass du nicht in alle Richtungen gleichzeitig gehen musst, sondern dass deine Kraft dann wächst, wenn du dich klar ausrichtest. Ihre Botschaft lautet:

Sammle deine Kräfte und richte dich aus – in der Klarheit deiner Mitte findest du Vollständigkeit.

BLICK INS NEUE JAHR

Diese Nacht öffnet das Tor zum Dezember – dem Monat des Rückblicks, des Innehaltens und der Ernte. Es ist, als würdest du bereits jetzt einen Blick auf das Ende des Jahres werfen, voller Zuversicht und Hoffnung auf all die wunderbaren Möglichkeiten, die vor dir liegen und dein Leben bereichern werden.

Deine Träume in dieser Nacht können dir Hinweise geben, welche Kräfte dich durch das kommende Jahr begleiten.

Was möchtest du dann über dich selbst sagen können?
Welche Erfahrungen sollen dich erfüllt zurückschauen lassen?

RITUAL DIESER NACHT „DAS GUTE DUTZEND“

Nimm dir ein Blatt Papier und schreibe zwölf Dinge auf, die dich im kommenden Jahr stärken und begleiten sollen. Das können Qualitäten sein wie Mut, Freude oder Vertrauen, aber auch konkrete Dinge wie Menschen, Orte oder Gewohnheiten.

Gestalte die Liste mit Farben, Symbolen oder kleinen Zeichnungen, sodass sie dir Freude bereitet.

Lege sie an einen Platz, den du immer wieder siehst – vielleicht in deinem Journal, an deinen Schreibtisch oder an deinen Altar. Wenn du ein Visionboard gestaltest, dann kannst du es dort anbringen.

Dieses „gute Dutzend“ erinnert dich das ganze Jahr über daran, was dich trägt.

FRAGEN AN DEIN HERZ

Welche Erfahrungen der letzten Nächte möchte ich mitnehmen und in mein Leben integrieren?
Wo wünsche ich mir mehr Balance und Klarheit?
Was gibt mir Halt, wenn das Leben turbulent wird?

IMPULSE FÜR DEN HEUTIGEN TAG

Erinnere dich daran, dass Ordnung nicht Starrheit bedeutet, sondern dir Orientierung schenkt. Und wenn du ein kreativer Chaot und kreativer bist, wie ich wird dir das besonders hilfreich sein.
Überlege und notiere dir kleine Rituale, die dich durch das Jahr begleiten und deine Ausrichtung stärken.
Erkenne an, dass du Teil eines größeren Ganzen bist – und dass du in dieser Verbundenheit getragen wirst.

12

Die zwölfte Rauhnacht schenkt dir das Gefühl von Vollendung und Ganzheit. Sie zeigt dir, dass alles, was du bist und alles, was du erlebt hast, in dir seinen Platz hat. Aus dieser Klarheit heraus darfst du dich ausrichten, vertrauen und Schritt für Schritt in dein neues Jahr hineinwachsen.

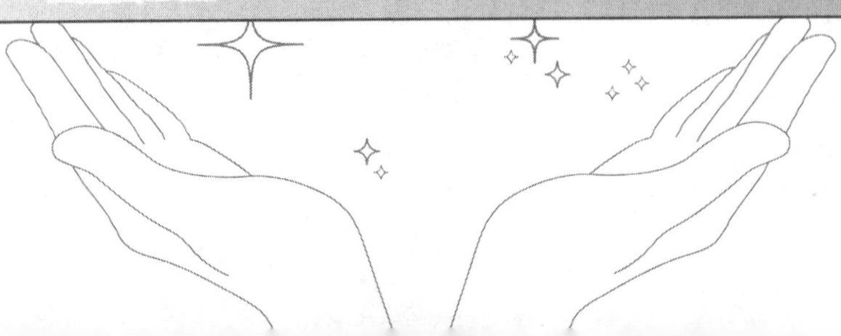

13.

WUNDER, ERMÄCHTIGUNG, GLAUBE

DREIKÖNIGS NACHT

Die Zahl DREIZEHN steht für...

Erneuerung
Transformation
Zyklus/Wiedergeburt
weibliche Schöpferkraft

Mit der dreizehnten Nacht endet der heilige Zeitraum der Rauhnächte. Ein letztes Mal öffnet sich ein Raum zwischen den Welten, bevor sich die Schleier wieder schließen. Diese besondere Nacht wird seit jeher als die „Nacht der Wunder" verehrt – ein Moment, in dem alles möglich scheint.

Die Energie der Zahl Dreizehn durchbricht die gewohnte Ordnung. Nach der Vollkommenheit der Zwölf führt sie dich über das Bekannte hinaus – hinein in eine neue Dimension. Sie erinnert dich daran, *dass du größer bist, als du bisher geglaubt hast, und dass das Leben voller Wunder ist, wenn du dein Herz dafür öffnest.*

Nutze diesen Moment, um mutig neue Wege zu gehen und deinen Träumen zu folgen. Alles, was du brauchst, liegt bereits in dir – vertraue darauf!

BOTSCHAFT DER 13

Die Dreizehn trägt die Kraft der Transformation in sich. In ihr verbinden sich die Eins als Neubeginn und die Drei als schöpferische Kraft. Gemeinsam erschaffen sie einen Raum, in dem Altes sich wandeln darf und Neues geboren wird.

Die *Engelszahl* 1313 verstärkt diesen Prozess. Sie sagt dir: Du bist geführt, unterstützt und ermächtigt. Du darfst an das Unmögliche glauben und erkennen, dass das Leben mehr für dich bereithält, als du dir vorstellen kannst.

Vertraue dem Wandel – jedes Ende birgt den Anfang von etwas Größerem, das durch dich Gestalt annehmen will.

ARCHETYPISCHE KRAFT

Archetypisch steht die Dreizehn für die Wandlerin – jene, die den Zyklus von Leben, Tod und Wiedergeburt verkörpert. Sie trägt die Energie der Schöpferin und Erneuerin, die Altes loslässt, um Raum für Neues zu schaffen. In ihr vereinen sich Mut, Hingabe und das Vertrauen, dass im Loslassen die wahre Kraft geboren wird. Ihre Botschaft lautet:

Habe den Mut, dich zu wandeln – im Loslassen alter Formen entfaltet sich deine wahre Schöpferkraft.

BLICK INS NEUE JAHR

Diese Nacht öffnet das Tor über den Kreis hinaus. Während die zwölf Nächte das Jahr spiegeln, weist dir die dreizehnte einen Weg, der über den vertrauten Rahmen hinausgeht. Sie zeigt dir, dass du mehr bist als deine Pläne, mehr als deine Zweifel und mehr als deine Vergangenheit.

Öffne dich dafür größer zu denken, deine inneren Grenzen zu sprengen und die verborgene Stärke in dir zu entdecken.

Wo darf dein Denken größer werden als deine Pläne?
Welche kleine mutige Handlung zeigt heute deinen neuen Weg?

RITUAL DIESER NACHT „DIE EINLADUNG AN DAS WUNDER"

Zünde eine Kerze an und stelle dich bewusst vor diese Flamme. Sprich laut oder leise drei Sätze, die dein Herz für Wunder öffnen:

Ich erlaube dem Leben, mich zu überraschen.

Ich vertraue darauf, dass Wunder möglich sind.

Ich bin bereit, über meine alten Grenzen hinauszugehen.

Schreibe danach einen Wunsch oder eine Vision auf einen Zettel. Falte ihn und lege ihn an einen besonderen Platz, der für dich heilig ist. Vertraue darauf, dass er im Laufe des Jahres seine Kraft entfalten wird. Du kannst es auch auf dein Visionboard kleben.

FRAGEN AN DEIN HERZ

Welche Wunder darf ich im neuen Jahr einladen?
Wo habe ich bisher klein gedacht – und darf nun größer träumen?
Welche Glaubenssätze möchte ich loslassen, um mich frei zu fühlen?

IMPULSE FÜR DEN HEUTIGEN TAG

Öffne dein Herz bewusst für kleine und große Wunder – sie zeigen sich oft in den unscheinbaren Momenten. Erinnere dich daran, dass Ermächtigung in dir beginnt. Jede Entscheidung, die du triffst, gestaltet deine Wirklichkeit. Nimm die Dreizehn als Zeichen, dich nicht von Angst leiten zu lassen, sondern vom Vertrauen ins Leben. *Glaube an deine innere Stärke, denn sie ist der Schlüssel, um deine Träume zu verwirklichen und die Welt mit deinem Licht zu erhellen.*

13

Die dreizehnte Rauhnacht ermutigt dich, an Wunder zu glauben und dich selbst zu ermächtigen. Sie erinnert dich daran, dass du über alte Grenzen hinausgehen kannst, während das Leben bereit ist, dir neue Türen zu öffnen.

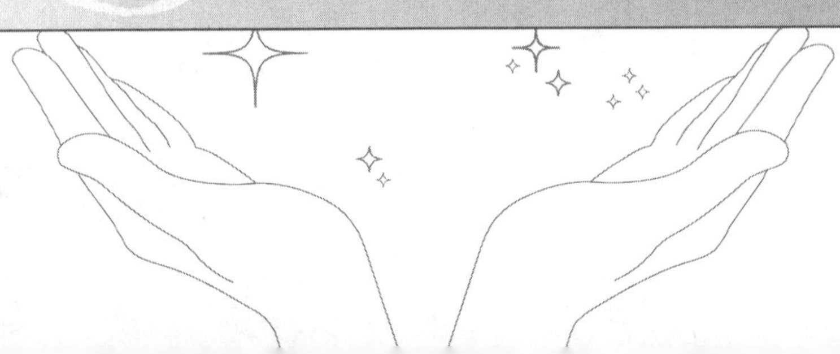

DIE FREQUENZ DEINER GEDANKEN FORMT DEINE REALITÄT – ZAHLEN ERINNERN DICH DARAN, WIE MACHTVOLL DU BIST.

1 2 3 4 5 6 7

DIE TIEFERE SPRACHE….

0 1 2 3 4 5

Kapitel 4

…der Zahlenmagie

ZAHLEN SPRECHEN NICHT IN WORTEN, SONDERN IN SCHWINGUNGEN – UND DU BIST TEIL DIESER MELODIE.

0 1 2 3 4 5 6 7

JEDE ZAHL TRÄGT EIN UNIVERSUM IN SICH

Vielleicht hast du im zweiten Kapitel schon einen ersten Einblick in die Sprache der Zahlen bekommen. Du hast deine Lebenszahl berechnet, Engelszahlen bemerkt oder in den Rauhnächten gespürt, wie jede Nacht ihre eigene Schwingung trägt. Doch Zahlen sind weit mehr als kleine Wegweiser – sie sind wie ganze Universen. Jede Zahl erzählt eine Geschichte. Sie trägt Symbole, Mythen und Archetypen in sich, die uns seit Jahrtausenden begleiten.

In diesem Kapitel möchte ich dich tiefer einladen. Wir beginnen mit der Null, dem Ursprung, aus dem alles entsteht, und gehen dann Schritt für Schritt durch die Zahlen von Eins bis Neun. Jede von ihnen trägt eine eigene Energie, ein eigenes Bild, eine eigene Bedeutung. Auch die sogenannten Meisterzahlen begegnen dir hier – sie schwingen kraftvoller, weil sie dich an eine besonders bewusste Ebene deines Seins erinnern.

Es geht nicht darum, etwas auswendig zu lernen, sondern darum, diese Zahlen in deinem Leben wiederzuerkennen – in Entscheidungen, Begegnungen, Träumen oder kleinen Momenten des Alltags. Oft genügt ein kurzer Augenblick, und du spürst: Eine Zahl bringt gerade jetzt eine bestimmte Energie in Bewegung. Jede Zahl ist wie ein Spiegel – sie zeigt dir Möglichkeiten und erinnert dich an Kräfte, die längst in dir lebendig sind.

Wenn du diese Impulse einmal bewusst in dein Herz aufnimmst, wirst du merken: Die Zeichen beginnen, mit dir zu sprechen – leise, liebevoll, immer wieder.

Mit dieser Offenheit lade ich dich ein, weiterzureisen. Entdecke, welche Zahl dich gerade begleitet, und erlaube ihr, dich zu inspirieren. Denn in dem Moment, in dem du dich öffnest, beginnt das Leben, mit dir im Einklang zu zählen.

DIE NULL 0

NICHTS, LEERE & UNENDLICHKEIT

Die Null ist der stille Atem des Universums – das Unsichtbare, aus dem alles entsteht, und das Unbenannte, in das alles zurückkehrt. Sie ist der Anfang und das Ende zugleich, der Kreis, in dem Werden und Vergehen eins sind.

Im Denken des Pythagoras existierte die Null noch nicht als Zahl, und doch ahnte er, dass allem Seienden eine unsichtbare Ordnung vorausgeht – eine „göttliche Leere“, aus der Form entsteht. Erst die indischen Mathematiker gaben dieser Leere ein Symbol: den Kreis, die Null. Mit ihr begann eine neue Dimension des Verstehens – das Erkennen, dass Nichts nicht Abwesenheit, sondern reines Potenzial bedeutet.

In der Lehre der Kabbala ist die Null das Ain Soph Aur – das unendliche Licht, das allem Leben vorausgeht. Sie ist das göttliche Feld, das noch keine Gestalt angenommen hat, und gleichzeitig die Grundlage, auf der jede Form entstehen kann. In ihr verschmilzt Zeit zu Ewigkeit, und alle Gegensätze ruhen im Gleichgewicht.

Wenn du dich mit der Energie der Null verbindest, betrittst du diesen stillen Raum des Ursprungs. Es ist kein Ort des Mangels, sondern der tiefsten Fülle. In der Null beginnt das Schöpfungsprinzip – sie ist der Moment zwischen Einatmen und Ausatmen, der Augenblick der reinen Gegenwart, bevor etwas in Bewegung tritt.

Lasse dich von der Kraft der Null inspirieren und erinnere dich daran, dass aus jeder scheinbaren Leere unendliche Möglichkeiten entstehen können.

SYMBOLIK UND MYTHOS

Der Kreis, das Symbol der Null, gilt in allen Kulturen als Zeichen für Vollkommenheit, Ewigkeit und das Göttliche. In der Mythologie finden wir sie als das kosmische Ei, aus dem das Leben geboren wird, oder als Urschlange, die sich in den Schwanz beißt – Sinnbild für die unendliche Rückkehr allen Seins.

In der Pythagoreischen Schule stand der Kreis für die Einheit des Ganzen – das unbegrenzte Prinzip, das allem zugrunde liegt. Pythagoras lehrte, dass Zahlen nicht bloß Mengen, sondern Ursymbole des Lebens sind. Die Null ist in diesem Verständnis kein „Nichts", sondern das Gefäß, das alles enthält – die Matrix, aus der alle Zahlen geboren werden.

Auch in der östlichen Philosophie, besonders im Buddhismus, wird diese Leere – Shunyata – als schöpferische Kraft verstanden. Sie ist kein Zustand des Fehlens, sondern des Seins in seiner reinsten Form.

DIE EINLADUNG DER NULL

Die Null lädt dich ein, dich auf das Unbekannte einzulassen. Sie ruft dich dazu auf, Leere nicht zu fürchten, sondern ihr zu vertrauen. In ihr liegt die Erinnerung, dass du nichts festhalten musst, um ganz zu sein.

Sie ist der Anfang vor dem Anfang – jener Moment, in dem du dich leer machst, um das Neue empfangen zu können.

Wenn du dich in deinem Leben in einer Zwischenphase befindest, in der Altes gegangen ist und Neues noch nicht sichtbar ist, dann stehst du in der Schwingung der Null.

Sie erinnert dich: *Diese Leere ist heilig. Hier geschieht Neuordnung, hier sammelt sich die Kraft für den nächsten Schritt.*

ANWENDUNG UND BEWUSSTSEIN IM ALLTAG

Die Null wirkt in Phasen der Stille, in Übergängen, in Neubeginn und Abschied.

Wenn du innehältst, eine Pause einlegst, träumst oder dich fragst, wohin dein Weg führt, wirkt sie durch dich. Sie hilft dir, nicht in der Form zu suchen, sondern in der Essenz zu ruhen.

Die Energie der Null ist ein Lehrer des Vertrauens. Wenn du nichts mehr weißt, wenn du keine Kontrolle hast, entsteht Raum für Inspiration. Es ist der Moment, in dem du nicht mehr tust – und das Leben durch dich zu wirken beginnt.

FRAGEN AN DEIN HERZ

Wo darf ich mir erlauben, leer zu werden,
damit Neues entstehen kann?
Wie fühlt es sich an, im Raum des Noch-nicht-Wissens
zu verweilen?
Wo erkenne ich, dass Leere kein Verlust,
sondern Vorbereitung auf Fülle ist?

ICH VERTRAUE DER LEERE –
SIE IST DER RAUM,
IN DEM NEUES GEBOREN WIRD.

DIE EINS 1

URSPRUNG, WILLE, SCHÖPFUNG

Aus der Leere der Null erwacht die Eins – der erste Laut im Schweigen, der Funke, der Dunkelheit erhellt. Sie ist das Urprinzip des Lebens selbst: der Impuls, sich zu bewegen, zu werden, zu erschaffen. In ihr verdichtet sich das grenzenlose Potenzial zu einem bewussten Akt des Seins.

Die Eins ist die Kraft des Erwachens. Sie bringt Bewegung in das, was zuvor ruhte, und gibt Richtung, wo zuvor nur Raum war. In ihr formt sich Bewusstsein: das Wissen um sich selbst, das erste „Ich bin". Dieser Moment ist der Beginn jeder Schöpfung – das Aufstehen des Geistes aus der Stille.

Sie trägt den göttlichen Funken in sich, der aus der Einheit hervortritt, um sich im Leben zu erfahren. Die Eins weiß, dass sie aus dem Ganzen kommt, und doch wagt sie den Schritt in die Welt der Formen. In diesem Mut liegt ihre wahre Kraft: sich zu zeigen, sich zu entscheiden, sich zu verwirklichen.

Die Eins ist der Archetyp des Schöpfers – der Pionierin, der Initiatorin, derjenigen, die Vision in Handlung verwandelt. Sie bringt Bewusstsein in die Materie und erinnert dich daran, dass alles, was du im Außen erschaffst, zuerst in dir selbst beginnt.

In ihrer tiefsten Wahrheit lehrt dich die Eins, dass du kein Fragment bist, sondern Ausdruck des Ganzen. Jeder Gedanke, jedes Wort, jede Tat ist Teil einer größeren Ordnung. Indem du deinen eigenen Weg gehst, erfüllst du deinen Platz in diesem göttlichen Plan.

Ihre Kraft ist nicht die des Egos, sondern die des Bewusstseins, das weiß: *„Ich bin Schöpferin – nicht über andere, sondern in mir."* Wenn du dich mit dieser Energie verbindest, spürst du die Würde, die in jedem Anfang liegt – und die Freiheit, die aus Klarheit geboren wird.

SYMBOLIK UND MYTHOS

Die Eins ist das Symbol des aufrechten Menschen. Ihre Form – eine Linie, die Himmel und Erde verbindet – zeigt, dass sie Ver-mittlerin zwischen oben und unten ist, zwischen Geist und Materie, Idee und Umsetzung. In ihr ruht das Prinzip des Willens. Sie erschafft nicht aus Zwang, sondern aus Klarheit. Wenn du dich innerlich aufrichtest, spürst du ihre Energie: jene Kraft, die dich führt, Entscheidungen treffen lässt und dir das Vertrauen schenkt, deinen Weg zu gehen.

Sie ist auch das Prinzip der Einheit. Bevor es Zweiheit gibt, ist das Eine. Bevor es Gegensatz gibt, ist das Ganze. Die Eins erinnert dich daran, dass alle Vielfalt aus einem Ursprung kommt – und dass auch du Teil dieses Ursprungs bist. Glaub an die Stärke, die in dir ruht, und lass dich von ihr leiten, denn du bist fähig, Großes zu erreichen. Jeder Schritt, den du machst, ist ein Ausdruck deines inneren Potenzials und bringt dich näher zu deinem wahren Selbst.

DIE EINLADUNG DER EINS

Die Eins ruft dich auf, Verantwortung für dein Licht zu übernehmen. Sie lädt dich ein, dich selbst als Schöpferin deines Lebens zu erkennen. Jeder Gedanke, jedes Wort, jede Tat ist eine Linie, die du in den Raum zeichnest. Aus ihr entsteht dein Weg.

Wenn du zögerst, weil du glaubst, du seist noch nicht bereit, ruft dich die Eins sanft zurück in die Gegenwart. Alles beginnt im Jetzt. In der Entscheidung, dich zu zeigen, dich auszurichten, dich selbst ernst zu nehmen. Sie erinnert dich daran, dass jedes Neue Mut braucht.

Sie flüstert dir zu: *Du musst den ganzen Weg noch nicht sehen – nur den nächsten Schritt gehen.*

ANWENDUNG UND BEWUSSTSEIN IM ALLTAG

Die Energie der Eins wirkt, wenn du Neues beginnst – einen Gedanken, ein Projekt, einen Lebensabschnitt.
Sie wirkt, wenn du dich aufrichtest, Klarheit findest oder den Mut fasst, allein zu stehen.
Doch sie erinnert dich auch daran: Einssein bedeutet nicht, isoliert zu sein. Es ist das Bewusstsein, dass du verbunden bist, während du deinen eigenen Weg gehst.
Wenn du dich überfordert fühlst, zieh dich in die Energie der Eins zurück. *Finde diesen Punkt in dir, der ruhig und sicher ist, und richte dich aus.* Alles, was folgen soll, entfaltet sich von dort aus.

FRAGEN AN DEIN HERZ

Wo darf ich mutiger meinen eigenen Weg gehen?
Woran erkenne ich, dass ein neuer Anfang ruft?
Wie kann ich Entscheidungen treffen,
die aus Klarheit statt aus Angst entstehen?

ICH RICHTE MICH AUF UND
GEHE MEINEN WEG.
IN MIR BEGINNT DAS NEUE.

DIE ZWEI 2

BEZIEHUNG, SPIEGEL, VERTRAUEN

Nach dem Erwachen der Eins entsteht Bewegung – und damit Begegnung. Die Zwei ist der Moment, in dem das Eine sich spiegelt, um sich selbst zu erkennen. Wo zuvor Einheit war, entsteht jetzt Beziehung: zwischen Licht und Schatten, Innen und Außen, dir und dem Anderen.

Die Zwei ist das Prinzip der Resonanz. Sie lehrt, dass alles Leben im Austausch geschieht – dass kein Ich ohne ein Du, kein Klang ohne Echo existiert. In ihr wird Bewusstsein weich. Der klare, aufrechte Impuls der Eins öffnet sich zur Verbindung, zur Antwort, zum Gefühl.

In der Zwei begegnet dir die Polarität des Lebens: Tag und Nacht, Sonne und Mond, Geben und Empfangen, Tun und Sein. Sie erinnert dich daran, dass Gegensätze kein Widerspruch sind, sondern zwei Pole derselben Wahrheit. Erst durch ihre Bewegung entsteht Balance.

In ihrer Tiefe verkörpert die Zwei das Urvertrauen. Während die Eins erschafft, lernt die Zwei, hinzugeben. Sie weiß: Kontrolle bringt keine Harmonie, nur Vertrauen lässt Verbindung entstehen. Ihre Energie ist empfangend, intuitiv, feinfühlig – sie spürt, wo Worte enden und Stille zu sprechen beginnt.

Archetypisch steht sie für die Hüterin der Beziehungen, die Priesterin der Stille, die das Unsichtbare wahrnimmt. In ihr liegt die Weisheit, dass Begegnung nicht erst im Außen geschieht, sondern in dir – in der Fähigkeit, dich selbst zu spüren, zu verstehen und anzunehmen.

Die Zwei lädt dich ein, Begegnungen mit offenem Herzen zu erleben und die Schönheit in der Vielfalt der Erfahrungen zu erkennen. Sie ermutigt dich, Brücken zu bauen und die Verbindung zwischen dir und anderen Lebewesen zu stärken, denn in der Gemeinschaft liegt die wahre Kraft.

SYMBOLIK UND PRINZIP

Die Zwei wird als Linie gesehen, die sich teilt – zwei Punkte, verbunden durch einen Raum. In diesem Raum geschieht Beziehung. Der eine Pol kann nur durch den anderen existieren. So entsteht das rhythmische Schwingen des Lebens – Anziehung und Loslassen, Nähe und Distanz, Einatmen und Ausatmen.

In alten Überlieferungen steht die Zwei für die göttliche Weiblichkeit, für den Schoß, der empfängt und Leben gebiert. Sie ist das Prinzip der Fruchtbarkeit, der Intuition, des Mitgefühls. Die Bewegung der Eins wird hier weich – sie findet ihre Ergänzung im Fließen, nicht im Drängen.

Die Zwei bringt den Menschen in den Dialog mit der Welt. Sie erinnert daran, dass Wachstum nicht im Alleingang geschieht, sondern im Spiegel des Lebens. Jede Begegnung – ob harmonisch oder herausfordernd – ist eine Einladung, dich tiefer zu erkennen.

DIE EINLADUNG DER ZWEI

Die Zwei lädt dich ein, in Verbindung zu treten – mit dir selbst, mit anderen, mit dem Leben. Sie ruft dich dazu auf, zuzuhören statt zu drängen, zu spüren statt zu urteilen, zu empfangen statt zu kontrollieren.

Wenn du die Energie der Zwei lebst, lernst du, Gegensätze zu halten, ohne sie bekämpfen zu müssen. Du erkennst, dass Licht und Schatten sich gegenseitig bedingen – und dass in dieser Dualität Frieden entsteht.

Sie erinnert dich: Sanftheit ist eine Form von Stärke,
denn wahre Harmonie entsteht nicht durch Anpassung,
sondern durch inneres Gleichgewicht.

ANWENDUNG UND BEWUSSTSEIN IM ALLTAG

Die Zwei wirkt überall dort, wo Beziehung lebendig ist – in Freundschaft, Liebe, Familie, Beruf, aber auch in der Beziehung zu dir selbst. Sie unterstützt dich, wenn du lernen willst, zuzuhören, zu verstehen und in Verbindung zu bleiben, auch wenn Meinun-gen sich unterscheiden.

Im Alltag zeigt sich ihre Energie in Momenten der Entschei-dung, die Balance verlangen – zwischen Kopf und Herz, Aktivität und Ruhe, Nähe und Freiheit. Wenn du dich zerrissen fühlst, führt dich die Zwei zurück zur Mitte.

Sie erinnert dich daran, dass Intuition dein innerer Kompass ist. *Wo die Eins sagt: „Ich gehe", flüstert die Zwei: „Ich fühle den Weg."*

FRAGEN AN DEIN HERZ

Wo darf ich mehr Vertrauen in das Leben und seine Rhythmen entwickeln?
Wie kann ich in Beziehungen ehrlich und zugleich friedlich sein?
Was bedeutet es für mich, in Balance zu leben, ohne perfekt sein zu wollen?

ICH VERTRAUE DEM FLUSS DES LEBENS.
IN VERBINDUNG MIT MIR FINDE ICH
HARMONIE MIT DER WELT.

DIE DREI 3

AUSDRUCK, FREUDE, SCHÖPFUNG

Nach der Bewegung der Zwei, die das Leben in Beziehung bringt, erwacht mit der Drei die schöpferische Kraft. Aus der Verbindung entsteht etwas Neues – ein dritter Impuls, eine neue Form, ein Ausdruck des Lebendigen. Die Drei ist die Zahl der Geburt, der Manifestation, des sichtbaren Lebens.

Sie verkörpert die kreative Entfaltung des Geistes. Während die Eins den Samen setzt und die Zwei ihn nährt, lässt die Drei ihn erblühen. Sie ist die Energie der Ausdehnung, des Wachstums, der Freude am Ausdruck. In ihr wird das Unsichtbare sichtbar, das Gedachte fühlbar, das Gefühlte zu Form.

Die Drei ist das Kind des Lebens – verspielt, offen, neugierig, voller Vertrauen in das, was werden darf. Sie erinnert dich daran, dass Schöpfung nicht immer geplant oder perfekt ist, sondern im natürlichen Fluss geschieht. Ihr Wesen ist Leichtigkeit – nicht oberflächlich, sondern als Ausdruck tiefen Einverständnisses mit dem Leben.

In ihrem Kern trägt sie das Wissen, dass Freude eine schöpferische Kraft ist. Wenn du dich deiner Lebendigkeit öffnest, beginnst du mitzuwirken an diesem großen Tanz des Lebens. Die Drei lädt dich ein, das Leben nicht nur zu verstehen, sondern zu leben – mit Farben, Worten, Gesten, Klang.

Lass die Drei dich ermutigen, deine einzigartigen Talente in die Welt zu bringen. Jeder von uns trägt eine besondere Gabe in sich, die entfaltet werden will. Glaube an dich und an deine Träume. Jeder kleine Schritt auf deinem Weg ist Teil des großen Ganzen. Mit jedem Schritt und Wort machst du die Welt ein wenig heller. Denn dein Beitrag ist wichtig.

SYMBOLIK UND PRINZIP

Die Drei zeigt den Kreislauf des Lebens: Werden, Sein, Vergehen. Sie ist Dreieck und Trinität, die Verbindung von Himmel, Erde und Mensch. In vielen alten Lehren galt sie als heilige Zahl, Sinnbild der göttlichen Ordnung im Wandel.

In ihr begegnet sich das Geistige mit dem Materiellen. Sie vereint Denken, Fühlen und Handeln zu einer harmonischen Bewegung. Wenn du in der Energie der Drei lebst, entsteht Einklang – nicht, weil du dich kontrollierst, sondern weil du dich ausdrückst.

Archetypisch trägt die Drei die Kraft der dreifachen Göttin: die Jungfrau, die Mutter und die Weise. Sie steht für Lebendigkeit, Fülle und Reife – für den natürlichen Rhyth-mus, in dem das Leben sich selbst erneuert. Diese arche-typische Energie erinnert dich daran, dass Kreativität nicht nur Tun ist, sondern Sein.

DIE EINLADUNG DER DREI

Die Drei lädt dich ein, dich zu zeigen. Sie erinnert dich daran, dass dein Ausdruck Geschenk und Wirkung zugleich ist. Alles, was durch dich hindurch in die Welt gelangt – ein Gedanke, ein Wort, eine Geste – hat Bedeutung.

Sie ruft dich dazu auf, Freude nicht länger aufzuschieben. Leichtigkeit entsteht nicht, wenn alles perfekt ist, sondern wenn du dich erlaubst, unvollkommen lebendig zu sein. Wenn du deiner inneren Stimme Raum gibst, wirst du spüren, dass Kreativität kein Talent ist, sondern eine Haltung.

Sie erinnert dich daran, dass wahre Heilung in der Freude liegt – im lebendigen Ausdruck deiner Seele, der dich mit dem Fluss des Lebens verbindet.

ANWENDUNG UND BEWUSSTSEIN IM ALLTAG

Die Energie der Drei zeigt sich überall dort, wo Ausdruck lebendig wird – in deiner Sprache, in deinen Beziehungen, in deiner Arbeit, in deiner Kunst. Sie ist die Bewegung, die Farbe in dein Leben bringt, das Lächeln, das einen Raum verändert, die Idee, die Wirklichkeit werden will.

Im Alltag hilft dir die Drei, dein Herz zu öffnen. Sie erinnert dich daran, dass du in allem, was du tust, eine Spur von dir hinterlässt. Wenn du mit Freude handelst, schwingt diese Freude in allem mit, was du erschaffst.

Sie ist auch die Zahl der Kommunikation – sie lehrt dich, dich mitzuteilen, ohne dich zu rechtfertigen. Sprich, was wahr ist. Lache, wenn dir danach ist. Erschaffe, weil du nicht anders kannst.

FRAGEN AN DEIN HERZ

Wo darf ich mir mehr Freude erlauben?
Wie möchte ich mich in dieser Welt ausdrücken?
Was bedeutet für mich schöpferisch zu sein – im Alltag, nicht nur in der Kunst?

ICH ÖFFNE MEIN HERZ FÜR DAS LEBEN.
IN MEINEM AUSDRUCK ENTFALTET SICH
FREUDE UND SCHÖPFUNGSKRAFT.

DIE VIER 4

STRUKTUR, STABILITÄT, FUNDAMENT

Mit der Vier betritt das Leben festen Boden. Nach der schöpferischen Entfaltung der Drei folgt jetzt das Bedürfnis, das Erschaffene zu ordnen, zu gestalten und zu verankern. Die Vier ist das Fundament, auf dem alles stehen kann.
Sie verkörpert das Prinzip der Form – das Sichtbarwerden von Ordnung im Fluss des Lebens. Während die Drei in Bewegung und Ausdruck tanzt, bringt die Vier Klarheit und Richtung. Sie ist die Kraft, die Ideen in Materie verwandelt und Träume zu greifbarer Realität macht.
In ihrer Essenz steht die Vier für das Gesetz der Natur. Alles, was Bestand hat, folgt einer Struktur – vier Jahreszeiten, vier Himmelsrichtungen, vier Elemente. Die Vier erinnert dich daran, dass Beständigkeit keine Starre bedeutet, sondern Balance. Sie schafft Raum, in dem Le-ben wachsen kann.
Archetypisch trägt sie die Energie des Baumeisters, der Vision Form gibt. Die Vier fragt: „Wie kann ich das, was ich empfangen habe, auf die Erde bringen?“ Sie verbindet das Geistige mit dem Greifbaren und schenkt damit Sicherheit, Stabilität und Vertrauen.
In ihrer Tiefe lehrt dich die Vier, Verantwortung zu übernehmen – nicht als Last, sondern als bewussten Akt der Selbstwirksamkeit. Sie zeigt dir, dass wahre Freiheit erst entsteht, wenn du deinem Leben Struktur gibst, die dich trägt. Sie dich daran, dass jeder kleine Schritt der Anfang von Großem sein kann. Sie inspiriert dazu, die eigene Stärke zu erkennen und Herausforderungen mit Zuversicht zu meistern. Lass dich von ihr motivieren, neue Wege zu gehen und das Potenzial deines Lebens voll auszuschöpfen.

SYMBOLIK UND PRINZIP

Das Quadrat repräsentiert die Vier – stabil, ausgewogen und klar. Es steht für die Erde, das Zuhause, den Körper und das Hier und Jetzt. Mit seinen vier Ecken, vier Seiten und vier Pfeilern bietet diese Form Halt. Die Vier verkörpert das Prinzip des Rhythmus, der Wiederkehr und des verlässlichen Taktes. Sie ist das Herz des Alltags, der Punkt, an dem Spiritualität in Handlungen umgesetzt wird. In ihr vereinen sich die vier Elemente: Erde, Wasser, Feuer und Luft – jedes mit seiner eigenen Qualität, gemeinsam erschaffend, was das Leben ausmacht. Die Vier steht für die Ordnung, die das Chaos nicht unterdrückt, sondern in sinnvolle Bahnen lenkt. Sie symbolisiert auch die Struktur, die notwendig ist, um Wachstum und Fortschritt zu ermöglichen. Ohne die Sta-bilität, die die Vier bietet, könnte nichts Beständiges entstehen. Schließlich schafft sie ein Fundament, auf dem Träume und Visionen Wirklichkeit werden können.

DIE EINLADUNG DER VIER

Die Vier lädt dich ein, deinen Platz im Leben bewusst einzunehmen. Sie ruft dich dazu auf, Wurzeln zu schlagen, Verantwortung zu übernehmen und aus deinen Visionen etwas Greifbares zu erschaffen. Hier geht es nicht um Kontrolle, sondern um Vertrauen – darum, deinem Leben eine Form zu geben, die dich trägt. Wenn du mit ihrer Energie gehst, lernst du, geduldig zu bauen, beständig zu wirken und in einfachen Dingen Halt zu finden. Schritt für Schritt entsteht daraus ein Fundament, das dich trägt – nicht nur äußerlich, sondern auch innerlich.

Sie flüstert dir: Stärke wächst dort, wo du mit offenen Augen und ruhigem Herzen beginnst, dein Leben zu gestalten.

ANWENDUNG UND BEWUSSTSEIN IM ALLTAG

Die Energie der Vier begegnet dir in deiner täglichen Routine, in deinen Gewohnheiten, in der Art, wie du arbeitest, planst, lebst. Sie zeigt sich, wenn du dich neu organisierst, ein Projekt umsetzt oder Verantwortung übernimmst. Wenn du lernst, deine Energie zu strukturieren, anstatt sie zu zerstreuen, öffnet sich ein Gefühl von innerer Ruhe. Die Vier erinnert dich: Alles, was Bestand haben soll, braucht Wurzeln. Spirituell zu sein bedeutet auch, das Geistige zu erden – durch klare Worte, durch Taten, durch Achtsamkeit im Alltag. Diese Energie lädt dich ein, den Wert der Beständigkeit zu erkennen und zu schätzen. Mit der Vier als Wegweiser findest du Stabilität und Klarheit in deinem Tun.

FRAGEN AN DEIN HERZ

Was gibt mir im Leben Halt und Orientierung?
Welche Strukturen unterstützen mich
und welche engen mich ein?
Wie kann ich meine Ideen mit Beständigkeit und
Liebe in die Welt bringen?

ICH BAUE MEIN LEBEN AUF EIN STARKES FUNDAMENT AUS KLARHEIT, VERTRAUEN UND BEWUSSTHEIT.

DIE FÜNF 5

FREIHEIT, WANDEL, LEBENDIGKEIT

Nach der Stabilität der Vier erwacht mit der Fünf die Bewegung. Sie ist der Atem, der wieder Raum schafft, der Wind, der starre Strukturen in lebendige Formen verwandelt. Die Fünf bringt Veränderung, Aufbruch und den Mut, neue Wege zu gehen.

Sie steht für das Leben selbst – für Erfahrung, Sinnlichkeit und Erneuerung. Während die Vier Ordnung schafft, ruft die Fünf dazu auf, diese Ordnung zu beleben. Sie erinnert dich daran, dass Wachstum nicht im Stillstand entsteht, sondern in der Bewegung zwischen Sicherheit und Abenteuer.

In ihrer Essenz trägt sie das Prinzip des Gleichgewichts. Vier Ecken bilden das Fundament, die Fünf ist der Mittelpunkt, der alles verbindet. Sie symbolisiert den Menschen, der zwischen Himmel und Erde steht – offen für das Leben, bereit zu lernen, zu fühlen, zu entdecken.

Die Fünf lehrt dich, dass Freiheit nicht bedeutet, Grenzen zu verneinen, sondern sie bewusst zu überschreiten, wenn sie zu eng geworden sind. Sie ist die Energie des Wandels, der dich lebendig hält, der dich auffordert, dich selbst immer wieder neu zu erfahren.

Archetypisch verkörpert sie die Sucherin – jene, die das Leben erforscht, nicht aus Rastlosigkeit, sondern aus der Sehnsucht, das Wesentliche zu finden. In ihr liegt der Ruf des Abenteuers, aber auch die Weisheit, dass jeder Aufbruch dich letztlich zu dir selbst führt.

Die Fünf ermutigt uns, die Komfortzone zu verlassen und das Unbekannte zu umarmen. Sie ist der Funke der Neugier, der uns dazu bringt, Fragen zu stellen und die Welt mit offenen Augen zu betrachten.

SYMBOLIK UND PRINZIP

In der Geometrie begegnet uns die Fünf im Pentagramm, Sinnbild des Menschen mit ausgebreiteten Armen und Beinen – verbunden mit Himmel und Erde, mit Geist und Materie. Dieses Symbol erinnert daran, dass du ein Teil des Kosmos bist und gleichzeitig ein Ausdruck des Göttlichen.

In alten Lehren galt die Fünf als Zahl der Venus – der Liebe, der Sinnlichkeit und der Harmonie zwischen den Gegensätzen. Sie verbindet das Herz mit den Sinnen und öffnet den Menschen für die Erfahrung der Welt.Au ch unsere fünf Sinne sind Ausdruck dieser Energie: Sehen, Hören, Riechen, Schmecken, Fühlen. Durch sie erfährst du das Leben unmittelbar. Sie machen dich empfänglich, wach und präsent. In vielen Mythen muss der Held fünf Prüfungen bestehen, bevor er wachsen kann. So erinnert dich die Fünf daran, dass Wandlung Mut braucht – doch jede Veränderung schenkt dir mehr Bewusstsein für das, was du wirklich bist.

DIE EINLADUNG DER FÜNF

Die Fünf lädt dich ein, dich zu bewegen – innerlich wie äußerlich. Sie ruft dich dazu auf, Gewohntes zu hinterfragen, neue Wege zu erkunden und dem Leben wieder mit Neugier zu begegnen. Veränderung muss nicht radikal sein; sie beginnt in kleinen Schritten, in neuen Blickwinkeln, in der Bereitschaft, dich überraschen zu lassen. Wenn du mit ihrer Energie gehst, lernst du, Wandel nicht als Verlust zu sehen, sondern als Einladung zur Erneuerung. Die Fünf bringt dich zurück ins Vertrauen, dass jeder Umbruch dich näher zu dir selbst führt. Sie erinnert dich daran, dass Stabilität nicht das Gegenteil von Bewegung ist – sie entsteht durch Balance.

Leben heißt Veränderung, und jedes Mal, wenn du dich traust, weiterzugehen, findet deine Seele neuen Raum zum Atmen.

ANWENDUNG UND BEWUSSTSEIN IM ALLTAG

Die Energie der Fünf begegnet dir in Momenten des Aufbruchs – wenn du eine Entscheidung triffst, ein Risiko eingehst oder einfach etwas Neues ausprobierst.

Sie zeigt sich, *wenn du spürst, dass Routine zu eng wird oder dein Herz nach mehr Weite ruft.*

Folge ihr in kleinen Schritten: ein neues Gespräch, eine unerwartete Begegnung, eine veränderte Perspektive. Die Fünf lehrt dich, dass Bewegung immer möglich ist – selbst im Stillstand. Sie ruft dich dazu auf, dem Leben wieder mit allen Sinnen zu begegnen, bewusst zu genießen, zu fühlen, zu atmen, zu staunen.

FRAGEN AN DEIN HERZ

Wo wünsche ich mir mehr Freiheit und Lebendigkeit?
Was darf sich verändern, damit ich mich wieder im Fluss fühle?
Wie kann ich das Neue mit Offenheit statt mit Angst empfangen?

ICH ÖFFNE MICH DEM WANDEL.
IN DER BEWEGUNG FINDE ICH LEBENDIGKEIT,
FREIHEIT UND VERTRAUEN INS LEBEN.

DIE SECHS 6

LIEBE, HARMONIE, FÜRSORGE

Mit der Sechs kehrt das Leben ins Herz zurück. Nach der Bewegung und Entdeckung der Fünf ruft sie zur Ruhe, zur Einkehr und zur Verbindung. Sie ist die Zahl der Liebe, der Fürsorge und der inneren Harmonie. Wo zuvor Veränderung war, entsteht jetzt das Bedürfnis, das Gefundene zu pflegen, zu nähren und in Balance zu bringen.

Die Sechs ist das Symbol für das Zuhause im weitesten Sinn – der Ort, an dem du ankommst, dich sicher fühlst, dich mit anderen teilst. Sie erinnert dich daran, dass Liebe nicht nur in großen Gesten wohnt, sondern in den kleinen Momenten des Alltags, in Aufmerksamkeit, Wärme und ehrlicher Präsenz.

In ihrer Essenz trägt sie das Prinzip der Ganzheit: Himmel und Erde, Geist und Körper, Geben und Empfangen finden in ihr ein Gleichgewicht. Sie lehrt, dass wahre Schönheit entsteht, wenn du im Einklang mit dir selbst und deiner Umgebung lebst.

Archetypisch verkörpert sie die Heilerin – diejenige, die durch Liebe heilt, durch Mitgefühl verbindet und durch innere Ruhe Frieden stiftet. Ihre Energie ist warm, nährend und klar. Sie erinnert dich daran, dass Heilung immer dort beginnt, wo Liebe angenommen wird – in dir selbst.

Die Sechs lädt dazu ein, die Welt mit einem offenen Herzen zu betrachten. Sie ermutigt uns, Beziehungen zu pflegen und uns auf das Wesentliche zu besinnen. In einer Zeit, in der das Außen oft hektisch und laut ist, bietet sie einen Rückzugsort der Geborgenheit und der inneren Ruhe. Sie erinnert uns daran, dass das wahre Glück in der Harmonie mit uns selbst und unseren Mitmenschen liegt.

SYMBOLIK UND PRINZIP

Die Sechs ist seit jeher ein Symbol für Harmonie und Vollkommenheit. In der Natur zeigt sie sich in der Struktur der Bienenwaben – präzise, effizient, ästhetisch. Sie erinnert uns daran, dass Ordnung und Schönheit Hand in Hand gehen können. Auch in den großen Mythen und Lehren begegnet sie uns als Zahl der Schöpfung: In sechs Tagen entsteht die Welt, bevor der siebte Tag der Ruhe folgt – das Werk ist vollendet. So trägt die Sechs das Prinzip des Gestaltens in sich, das durch Liebe inspiriert ist. Das Hexagramm, zwei ineinander verknüpfte Dreiecke, steht für die Vereinigung der Gegensätze – oben und unten, männlich und weiblich, Geist und Materie. In dieser Verbindung liegt Schutz und Balance. Die Sechs ruft dich auf, diese Harmonie in dir selbst zu finden: zwischen Tun und Sein, Geben und Empfangen, Nähe und Eigenständigkeit.

DIE EINLADUNG DER SECHS

Die Sechs lädt dich ein, dein Herz weit zu öffnen – für dich selbst und für andere. Sie ruft dich dazu auf, Liebe als tägliche Haltung zu leben: im Zuhören, im Teilen, im Dasein. Hier geht es nicht um Selbstaufgabe, sondern um Bewusstheit – darum, dass Liebe erst dann frei fließen kann, wenn sie in dir beginnt.

Sie lädt dich ein, Beziehungen mit Sanftheit zu pflegen und Konflikte mit Mitgefühl zu betrachten. Wenn du die Energie der Sechs lebst, lernst du, Verantwortung als Form der Zuwendung zu begreifen. Du erkennst, dass Fürsorge und Selbstliebe keine Gegensätze sind, sondern zwei Ausdrucksformen derselben Kraft.

Sie erinnert dich: Liebe ist die stärkste Heilkraft – sie verwandelt, verbindet und führt dich in deine Mitte zurück.

ANWENDUNG UND BEWUSSTSEIN IM ALLTAG

Die Energie der Sechs begegnet dir in Momenten, in denen du Nähe suchst, Verantwortung trägst oder Frieden stiften möchtest. Sie zeigt sich, wenn du einen Raum gestaltest, jemanden umsorgst oder dir selbst einen Moment der Ruhe schenkst.

Im Alltag lehrt sie dich, achtsam mit deiner Energie umzugehen. Sie erinnert dich, dass Liebe im Geben wächst, aber im Empfangen geheilt wird. Wann immer du in Beziehungen oder Aufgaben gefordert bist, halte kurz inne – und frage dich, ob dein Handeln aus Liebe oder aus Pflicht geschieht.

Die Sechs bringt dich zurück zu deinem inneren Zentrum – dorthin, wo Vertrauen und Frieden wohnen.

FRAGEN AN DEIN HERZ

Wo darf mehr Liebe in meinem Leben Platz finden?
Wie kann ich Verantwortung mit
Freude und Leichtigkeit tragen?
Was bedeutet es für mich, in Harmonie mit mir und
meiner Umgebung zu leben?

ICH ÖFFNE MEIN HERZ FÜR LIEBE UND SCHAFFE RÄUME, IN DENEN GEBORGENHEIT WACHSEN DARF.

DIE SIEBEN 7

ERKENNTNIS, TIEFE, SPIRITUALITÄT

Die Sieben führt dich nach innen. Nach der Fülle und Herzensweite der Sechs beginnt mit ihr die Reise in die Tiefe – der Weg zur Selbsterkenntnis, zur Stille, zum inneren Wissen. Sie ist die Zahl der Wahrheitssuche, der Intuition und des geistigen Erwachens.

Während die Sechs Frieden im Außen sucht, ruft die Sieben dazu auf, diesen Frieden im Inneren zu finden. Sie steht für Rückzug, für das Eintauchen unter die Oberfläche der Dinge, für das stille Lauschen auf die eigene innere Stimme.

In ihrer Essenz trägt die Sieben das Prinzip der Weisheit. Sie verbindet den sichtbaren und den unsichtbaren Teil der Welt – das, was messbar ist, und das, was nur fühlbar bleibt. Sie erinnert dich daran, dass wahres Wissen nicht aus Anhäufung, sondern aus Erfahrung entsteht.

Archetypisch verkörpert sie die Sucherin – jene, die dem Ruf des Herzens folgt und hinter dem Sichtbaren das Wesentliche erkennt. Sie sucht keine schnellen Antworten, sondern die tiefere Wahrheit, die in allem mitschwingt.

Die Sieben lädt dazu ein, sich von der Hektik des Alltags zu lösen und in die Stille der eigenen Gedanken einzutauchen. Sie fordert uns auf, innezuhalten und die leisen Töne des Lebens wahrzunehmen, die oft im Lärm des Außen verloren gehen. In dieser Ruhe finden wir die Möglichkeit, die Verbindung zu uns selbst zu stärken und die Weisheit in uns zu entdecken, die nur darauf wartet, gehört zu werden.

In der Numerologie wird die Sieben oft mit spiritueller Erleuchtung in Verbindung gebracht. Sie ist eine Zahl, die uns dazu ermutigt, über die Oberfläche hinauszublicken und die tieferen Bedeutungen des Lebens zu erforschen.

SYMBOLIK UND PRINZIP

Die Sieben gilt seit jeher als heilige Zahl, als Brücke zwischen Himmel und Erde. Sie trägt die Vollkommenheit der Drei (Geist) und die Ordnung der Vier (Materie) in sich und verbindet sie zu einem neuen Bewusstsein. In der Welt begegnet sie uns überall: in den sieben Tagen der Woche, die den Lebensrhythmus bestimmen, in den sieben Farben des Regenbogens, die das ganze Spektrum des Lichts zeigen, in den sieben Tönen der Tonleiter, die Harmonie überhaupt erst ermöglichen. Auch in Märchen und Mythen ist sie allgegenwärtig – sieben Zwerge, sieben Tore, sieben Prüfungen. Die Sieben begleitet die Heldin auf ihrem Weg der Reifung, immer als Zahl der inneren Entwicklung. Sie ist die Zahl des Geheimnisses und der heiligen Ordnung. Sechs Tage Schöpfung und der siebte Tag der Ruhe – dieser Rhythmus erinnert uns daran, dass Vollendung nicht im Tun, sondern im Innehalten entsteht.

DIE EINLADUNG DER SECHS

Die Sieben lädt dich ein, zu lauschen – nach innen, in die Tiefe deines Seins. Sie ruft dich dazu auf, die Stille nicht zu fürchten, sondern sie als Quelle deiner Kraft zu verstehen. Wenn du dich von äußeren Erwartungen löst, öffnet sich der Raum, in dem echte Erkenntnis entstehen kann. Wenn du die Energie der Sieben lebst, lernst du, Geduld mit dir selbst zu haben. Du erkennst, dass Tiefe nicht durch Anstrengung entsteht, sondern durch Hingabe. Die Sieben führt dich von der Suche zur Erfahrung – vom Wissen zum Verstehen, vom Denken zum Sein.

Sie flüstert dir: Alles, was du wissen musst, trägst du bereits in dir – du brauchst nur still genug zu werden, um es zu hören.

ANWENDUNG UND BEWUSSTSEIN IM ALLTAG

Die Energie der Sieben wirkt, wenn du innehältst, reflektierst oder neue Zusammenhänge erkennst. Sie zeigt sich, wenn du spürst, dass äußere Antworten nicht mehr genügen und du tiefer verstehen willst.

Im Alltag kann das bedeuten, dir bewusst Zeit für Stille zu nehmen – durch Meditation, Spaziergänge in der Natur oder einfache Momente des Alleinseins. Die Sieben erinnert dich daran, dass Rückzug kein Rückschritt ist, sondern ein Weg zur inneren Klarheit.

Wenn du ihrer Energie folgst, wirst du erkennen: Je stiller du wirst, desto deutlicher spricht das Leben zu dir.

FRAGEN AN DEIN HERZ

Wo in meinem Leben sehne ich mich nach mehr Tiefe und Sinn?
Wie kann ich meiner Intuition wieder mehr Vertrauen schenken?
Wo darf ich innehalten, um Weisheit in der Stille zu finden?

ICH VERTRAUE DER STILLE – SIE SCHENKT MIR ERKENNTNIS, TIEFE UND DAS WISSEN, DASS ALLES ZUR RECHTEN ZEIT SICHTBAR WIRD.

DIE ACHT 8

KRAFT, FÜLLE, AUSGLEICH

Die Acht ist die Zahl der Kraft, des Flusses und der Balance. Nach der inneren Einkehr der Sieben richtet sie den Blick wieder nach außen – hin zu Gestaltung, Wirkung und Verantwortung. Ihre Energie vereint Gegensätze: Geist und Materie, Geben und Nehmen, Handeln und Empfangen.

In ihrer Schwingung trägt sie das Bewusstsein, dass wahre Fülle nur im Gleichgewicht entstehen kann. Sie erinnert dich daran, dass Erfolg, Stabilität und äußere Fülle untrennbar mit innerer Klarheit verbunden sind. Wo das Herz mit dem Handeln im Einklang steht, fließt Energie – ruhig, kraftvoll und beständig.

Archetypisch verkörpert sie die Hüterin des Gleichgewichts – jene, die mit Achtsamkeit und Weisheit über den Fluss der Kräfte wacht. Sie weiß, dass jedes Zuviel oder Zuwenig Disharmonie erzeugt und dass wahre Stärke aus innerer Balance erwächst. Ihre Präsenz ist still, doch spürbar; sie lenkt, ohne zu kontrollieren, und vertraut dem Rhythmus des Lebens.

Die Acht lehrt, dass alles, was du gibst, zu dir zurückkehrt – oft in anderer Form, doch stets in derselben Schwingung. Sie ist das Symbol des karmischen Flusses, der dich daran erinnert, dass jede Handlung, jeder Gedanke, jede Entscheidung eine Resonanz erzeugt.

Die Verbindung von Ursache und Wirkung zeigt sich in jedem Aspekt des Lebens. Wenn du mit Bedacht und Integrität handelst, erschaffst du eine aufsteigende Spirale, die Stabilität, Vertrauen und Fülle nährt. Indem du ihre Energie in dein tägliches Leben integrierst, lernst du, innere und äußere Welten zu vereinen – Spiritualität und Alltag, Vision und Umsetzung.

SYMBOLIK UND PRINZIP

Ihr Symbol, die liegende Acht (∞), steht für Unendlichkeit und den ewigen Kreislauf von Werden und Vergehen. Kein Anfang, kein Ende – nur Bewegung. Sie zeigt, dass Leben ein Fließen ist, ein rhythmischer Wechsel zwischen Expansion und Ruhe, Aktivität und Hingabe. In der chinesischen Kultur gilt die Acht als Zahl des Wohlstands und der Erfüllung. Ihr Klang ähnelt dem Wort für Reichtum – nicht nur materiell, sondern als Sinnbild für den Fluss der Lebensenergie. In der christlichen Symbolik steht sie für Neuschöpfung – der achte Tag als Beginn einer neuen Ordnung, ein Bild für Auferstehung und Erneuerung. Auch im Tarot begegnet sie als Karte der Kraft und der Gerechtigkeit – beides Aspekte, die auf die innere Balance zwischen Herz und Verstand hinweisen. Die Acht trägt somit das Prinzip der Integration in sich: Alles, was du in Einklang bringst, wird stabil. Alles, was du verdrängst, sucht Balance, bis Gleichgewicht entsteht.

DIE EINLADUNG DER ACHT

Die Acht lädt dich ein, Verantwortung für deine Energie zu übernehmen und mit deiner Kraft bewusst umzugehen – sie weder zu verschwenden noch zurückzuhalten. Fülle entsteht nicht durch Zufall, sondern durch Ausrichtung, Vertrauen und Herzensklarheit. Sie erinnert dich daran, dass Geben und Empfangen zwei Bewegungen desselben Atems sind und dass Erfolg dann leicht wird, wenn er aus Integrität wächst.

Wenn du mit ihrer Energie gehst, lernst du, Grenzen zu achten, Ressourcen zu schützen und Entscheidungen mit Weitblick zu treffen.

Sie erinnert dich: Fülle ist Bewegung – je freier du gibst, desto weiter öffnet sich der Kreis, durch den sie zu dir zurückkehrt.

ANWENDUNG UND BEWUSSTSEIN IM ALLTAG

Die Energie der Acht zeigt sich, wenn du Verantwortung trägst, deine Finanzen ordnest, ein Projekt leitest oder klare Entscheidungen triffst. Sie lehrt dich, deine Kraft nicht zu zerstreuen, sondern zu bündeln – und sie weise einzusetzen.
Im Alltag hilft sie dir, auf Ausgleich zu achten: Arbeit und Ruhe, Geben und Empfangen, Geborgenheit und Freiheit. Wenn du spürst, dass etwas ins Ungleichgewicht geraten ist, halte inne – richte dich neu aus.
Die Acht ist die Erinnerung daran, dass du der Mittelpunkt deiner eigenen Waage bist.

FRAGEN AN DEIN HERZ

Wo in meinem Leben darf mehr Balance entstehen?
Wie kann ich die Fülle, die ich empfange, achtsam und liebevoll weitergeben?
Welche Kraftquellen in mir möchte ich bewusster nutzen und pflegen?

ICH VERTRAUE AUF DEN FLUSS DES LEBENS – ALLES, WAS ICH IN LIEBE GEBE, KEHRT IN NEUER FORM ZU MIR ZURÜCK.

DIE NEUN 9

VOLLENDUNG, MITGEFÜHL, WEISHEIT

Die Neun ist die Zahl der Vollendung. Sie schließt den Kreis des Zahlenweges und öffnet zugleich den Raum für eine neue Ebene des Bewusstseins. In ihr vereinen sich alle Erfahrungen, Prüfungen und Erkenntnisse der vorangegangenen Zahlen zu einer reifen, klaren Weisheit. Die Neun ist das Innehalten nach dem langen Weg, der Moment, in dem du zurückblickst, verstehst und Frieden findest.

Sie trägt die Schwingung von Mitgefühl, Reife und innerer Freiheit. In ihrer Energie verwandelt sich Erfahrung in Erkenntnis, Schmerz in Verständnis, Wissen in Liebe. Die Neun lehrt, dass jeder Zyklus des Lebens einen Sinn trägt – auch dann, wenn er sich erst im Rückblick zeigt. Sie erinnert dich daran, dass jedes Ende der Beginn einer neuen Wandlung ist, und dass Loslassen nicht Verlust bedeutet, sondern Rückkehr in den Fluss.

Archetypisch verkörpert sie die Weise Hüterin – jene, die am Ende des Weges steht und das Erfahrene in ihrem Herzen bewahrt. Sie trägt das Licht der Einsicht, das aus vielen gelebten Momenten geboren wurde. Sie weiß, dass Heilung durch Annahme geschieht und dass Mitgefühl jene Kraft ist, die alles wieder in Einklang bringt.

In ihrer Gegenwart darfst du still werden und erkennen, dass nichts in deinem Leben umsonst war. Jede Begegnung, jede Herausforderung, jede Freude und jeder Abschied hat dich zu dem geführt, was du heute bist. Die Neun schenkt dir die Gelassenheit, das Alte zu ehren und das Neue willkommen zu heißen – wissend, dass beides Teil desselben großen Kreises ist.

SYMBOLIK UND PRINZIP

Die Neun hat in allen spirituellen Traditionen einen besonderen Rang. Als letzte einstellige Zahl steht sie für Ganzheit, Integration und Übergang. Sie enthält den gesamten Zyklus in sich – Anfang, Entwicklung und Vollendung. Sie begegnet uns in den neun Musen der griechischen Mythologie, die Inspiration und schöpferische Erkenntnis verkörpern. In der christlichen Lehre sind es die neun Chöre der Engel, die das Göttliche in unterschiedlichen Schwingungen zum Ausdruck bringen. Im nordischen Mythos hing Odin neun Nächte am Weltenbaum Yggdrasil, um Erkenntnis zu erlangen – ein Sinnbild für Wandlung durch Hingabe. In der Geometrie zeigt sich die Neun im Nonagon, einem Neuneck, das für Ganzheit und kosmische Ordnung steht. Es symbolisiert, dass alles, was vollendet ist, Teil eines größeren Ganzen bleibt.
Die Neun trägt die Erinnerung an die Kreisläufe des Lebens in sich: Werden, Wachsen, Reifen, Loslassen.

DIE EINLADUNG DER NEUN

Die Neun lädt dich ein, auf das Gewordene mit milder Dankbarkeit zu blicken. Sie ruft dich dazu auf, Altes liebevoll zu vollenden, statt es festzuhalten. In ihrer Energie liegt die Kraft des Loslassens – nicht aus Verlust, sondern aus Vertrauen. Sie lädt dich ein, deine Erfahrungen in Weisheit zu verwandeln und sie mit anderen zu teilen. In deinem Mitgefühl wird das Leben durch dich hindurch sanfter, klarer und weiter. Wenn du mit dieser Schwingung gehst, lernst du, Abschied und Neubeginn als Teil derselben Bewegung zu verstehen. Die Neun führt dich dorthin, wo Liebe zur Erkenntnis wird – und Erkenntnis zu Frieden.

Sie erinnert dich: Vollendung ist kein Ende, sondern der Moment, in dem du erkennst, dass alles eins ist.

ANWENDUNG UND BEWUSSTSEIN IM ALLTAG

Die Energie der Neun wirkt, wenn etwas zu Ende geht – ein Projekt, ein Zyklus, ein Lebensabschnitt. Sie hilft dir, mit Dankbarkeit zurückzublicken und den Sinn im Erlebten zu erkennen.

Sie begleitet dich, wenn du innere Themen abschließt oder Frieden mit deiner Vergangenheit schließt.

Im Alltag zeigt sie sich, wenn du Mitgefühl übst – für dich, für andere, für das Leben selbst. Die Neun lehrt dich, nichts erzwingen zu wollen, sondern dich dem natürlichen Rhythmus der Dinge anzuvertrauen.

FRAGEN AN DEIN HERZ

Was darf ich in Liebe vollenden, um Raum für Neues zu schaffen?
Wie kann ich meine Erfahrungen in Weisheit und Mitgefühl verwandeln?
Wo darf ich Frieden schließen – in mir oder mit anderen?

ICH EHRE, WAS WAR, UND ÖFFNE MEIN HERZ FÜR DAS, WAS WERDEN WILL.

DIE ZEHN 10

VOLLENDUNG UND NEUBEGINN

Die Zehn ist die Zahl des Übergangs – der Punkt, an dem ein Zyklus sich vollendet und ein neuer beginnt. In ihr verbinden sich die Reife der Neun und der schöpferische Impuls der Eins zu einer neuen Stufe des Bewusstseins. Sie trägt die Klarheit des Anfangs und die Weite des Unendlichen – Handlung und Potenzial, Herz und Geist in einem.

Die Zehn erinnert dich daran, dass jedes Ende zugleich der Beginn eines neuen Weges ist. Sie lädt dich ein, das Erreichte zu würdigen und mit offenem Blick in die Zukunft zu treten. In ihrer Energie liegt das Wissen, dass du immer wieder neu wählen kannst – diesmal bewusster, erfahrener, freier.

Archetypisch verkörpert sie die Visionärin – jene, die das Ganze sieht und erkennt, dass Vollendung kein Abschluss, sondern ein Tor ist. Sie schaut über das Sichtbare hinaus, verbindet Intuition mit Handlung und verwandelt Erkenntnis in Richtung. Ihre Kraft liegt in der Fähigkeit, aus Erfahrung Zukunft zu gestalten – mit innerem Vertrauen und klarer Ausrichtung.

Die Zehn ist der Schlüssel zu neuen Anfängen – ein Moment der Vollendung und des Aufbruchs. Sie vereint die Weisheit der Vergangenheit mit dem kreativen Funken der Zukunft. Lass dich von ihrer Energie inspirieren, die dich ermutigt, in jedem Ende die Chance für einen Neubeginn zu sehen. Würdige deinen bisherigen Weg und gehe mit Zuversicht und offenem Herzen in die Zukunft. Die Zehn erinnert dich daran, dass du die Macht hast, aus jedem Erlebnis zu lernen und mutig neue Wege zu beschreiten. Vertraue auf deine innere Stärke und lass deine Visionen Wirklichkeit werden.

SYMBOLIK UND PRINZIP

Die Zehn galt schon in den alten Zahlenschulen als Symbol für Ganzheit und göttliche Ordnung. Im Dezimalsystem, dem Fundament unseres Denkens, kehrt sie zum Ursprung zurück und eröffnet zugleich einen neuen Zyklus. In der Tetraktys, dem heiligen Dreieck aus zehn Punkten, sahen die Pythagoreer das Abbild des Universums – ein Symbol der Harmonie zwischen Geist, Seele und Materie. Auch in den Zehn Geboten zeigt sich ihre Qualität: Orientierung, Bewusst-sein und die Einladung, menschliches Handeln mit universellen Prinzipien in Einklang zu bringen. Zehn Finger, zehn Zehen – der ganze Mensch, bereit, das Erkannte in die Welt zu tragen. Die Zehn ist Bewegung auf einer höheren Ebene. Sie öffnet das Tor zu einem neuen Durchlauf, zu einer bewussteren Form des Schöpfens. Sie zeigt dir: Alles, was du gelernt hast, dient nun als Fundament für das, was entstehen will.

DIE EINLADUNG DER ZEHN

Die Zehn lädt dich ein, den Kreis deines bisherigen Weges mit Dankbarkeit zu schließen. Sie ruft dich dazu auf, bewusst loszulassen, um Raum zu schaffen für das, was sich neu entfalten möchte. Hier geht es nicht um Rückkehr, sondern um Weiterentwicklung – um das Wachsen in Spiralen.

Sie lädt dich ein, groß zu denken, Visionen zu empfangen und sie in die Welt zu bringen. Die Visionärin der Zehn erinnert dich daran, dass Zukunft immer im Jetzt beginnt – in deinem klaren Gedanken, in deiner Entscheidung, in deinem Mut, dich selbst zu übersteigen.

Sie flüstert dir: Alles, was du bisher warst,
war Vorbereitung auf das, was du jetzt werden darfst.

ANWENDUNG UND BEWUSSTSEIN IM ALLTAG

Die Energie der Zehn zeigt sich, wenn sich ein Lebensabschnitt vollendet und du spürst, dass ein neues Kapitel ruft. Sie begleitet dich in Zeiten des Übergangs, in Momenten des klaren Erkennens und des bewussten Richtungswechsels. Im Alltag hilft sie dir, größere Zusammenhänge zu erkennen und Ziele mit Herz und Verstand zu verbinden. Sie lädt dich ein, deine Visionen nicht nur zu träumen, sondern Schritt für Schritt umzusetzen – aus innerer Klarheit heraus.

FRAGEN AN DEIN HERZ

Was darf sich in meinem Leben vollenden, damit
Neues entstehen kann?
Welche Vision möchte ich jetzt ins Leben bringen – getragen
von Klarheit und Vertrauen?

ICH BIN SCHÖPFERIN MEINER ZUKUNFT.
JEDER ABSCHLUSS ÖFFNET MIR DEN RAUM,
MEINE VISION MIT LEBEN ZU FÜLLEN.

DIE MEISTERZAHLEN – TORE ZU HÖHEREN SCHWINGUNGEN

Manchmal begegnen uns Zahlen, die eine besondere Kraft ausstrahlen. Es sind die sogenannten Meisterzahlen – 11, 22 und 33. Sie sind nicht einfach doppelte Ziffern, sondern tragen eine verstärkte Schwingung in sich, die über die gewöhnliche Bedeutung einer Zahl hinausreicht.

Während die Grundzahlen uns durch alltägliche Erfahrungen führen, öffnen die Meisterzahlen einen Raum, der weiter reicht – hin zu Bewusstsein, Verantwortung, Liebe und gelebter Spiritualität. Sie sind wie Brücken zwischen dem Irdischen und dem Geistigen, zwischen dem Persönlichen und dem Universellen.

Anders als die übrigen Zahlen werden sie nicht auf eine einstellige Zahl reduziert. Eine 11 bleibt eine 11 – sie trägt ihre eigene Melodie, ihre eigene Lehre, ihr eigenes Licht. Jede Meisterzahl erinnert uns daran, dass in uns ein Potenzial ruht, das größer ist als unsere momentane Vorstellung davon, wer wir sind.

DIE 11 – INTUITION UND ERWACHEN

Die 11 ist die Zahl der inneren Führung. Sie verbindet die Klarheit und den Mut der Eins mit der Weite spirituellen Bewusstseins. In ihr fließt Inspiration wie Licht, das den Weg erhellt, noch bevor du ihn betrittst.

Sie ruft dich auf, deiner Intuition zu vertrauen, auch wenn der Verstand noch zögert. Die 11 ist das Erwachen – die Erinnerung daran, dass du geführt bist, dass du empfängst, was du wissen musst, und dass deine innere Stimme immer leiser, aber klarer spricht als jede äußere.

Wer mit der 11 in Resonanz steht, spürt oft, dass sie Brückenbauerin zwischen Welten ist: zwischen Herz und Verstand, zwischen Materie und Geist. Ihre Botschaft lautet: Vertraue dem Licht in dir – es zeigt dir den Weg, auch wenn er noch unsichtbar ist.

DIE 22 – VISION UND VERWIRKLICHUNG

Die 22 gilt als Zahl der Meisterschaft in der Manifestation. Sie trägt die Schwingung der Zwei – Vertrauen, Verbindung, Balance – und erhebt sie auf eine höhere Ebene. Man nennt sie die Baumeisterin, weil sie Träume in Form bringt und Visionen in die Welt trägt.

Sie erinnert dich daran, dass große Ideen Zeit, Struktur und Hingabe brauchen. In ihr verbinden sich Herz und Hand, Vision und Umsetzung. Die 22 wirkt nicht in flüchtigen Momenten, sondern in beständigem Tun – in der Ausrichtung, die bleibt.

Sie begleitet Menschen, die nicht nur für sich selbst wirken, sondern für das größere Ganze. Ihre Energie flüstert: Baue mit Liebe, dann wird, was du erschaffst, Bestand haben.

DIE 33 – MITGEFÜHL UND HEILUNG

Die 33 ist die Zahl des Herzens. Sie vereint die Freude und Kreativität der Drei mit einer höheren Dimension der Liebe. In ihr schwingt das Mitgefühl, das nicht unterscheidet, sondern alles umfasst.

Wer die 33 in sich trägt, wirkt oft still, aber kraftvoll – durch Worte, durch Berührung, durch Präsenz. Sie erinnert dich daran, dass Heilung nicht aus Anstrengung entsteht, sondern aus Offenheit. Die 33 ist gelebte Herzensweisheit, die das Leben selbst heiligt, indem sie es liebt.

Ihre Botschaft lautet: *Liebe ist der Weg, und dein Herz ist der Tempel, in dem sie wohnt.*

DIE EINLADUNG DER MEISTERZAHLEN

Die Meisterzahlen wirken wie feine Lichter am Weg – nicht laut, sondern stetig. Sie wollen dich nicht überfordern, sondern erinnern. Wenn sie dir begegnen – in Uhrzeiten, in Daten, in Zufällen – halte kurz inne. Lausche. Vielleicht will dir das Leben gerade etwas zuflüstern.

Sie schenken dir das Bewusstsein, dass du Teil von etwas Größerem bist – dass jeder Gedanke, jedes Wort, jede Geste Wellen schlägt im Feld des Lebens. Wenn du dich für ihre Sprache öffnest, beginnen sie, dich zu führen – sanft, klar, weise. Sie erinnern dich:

Du bist nicht hier, um dich klein zu halten.
Du bist hier, um dich zu erinnern – an Licht, Liebe und schöpferische Verantwortung.

DIE 44 – STABILITÄT, VERKÖRPERUNG & VERTRAUEN

Die 44 taucht auf, wenn Erkenntnis Form annehmen will. Sie erinnert dich daran, dass Licht Halt braucht, um wirken zu können – durch dich, dein Tun und deine Präsenz. Ihre Energie führt dich in die Balance zwischen Himmel und Erde, zwischen Vision und Umsetzung. Sie zeigt dir, dass du bereit bist, das Erkannte zu leben und zu verkörpern. Ihr Geschenk ist Beständigkeit – das tiefe Vertrauen, dass du getragen bist, während du das Neue in die Welt bringst.

Die 44 erinnert dich daran, dass wahre Stärke darin liegt, deinen Weg mit Vertrauen zu gehen – Schritt für Schritt, fest verwurzelt und vom Licht geführt.

Engelszahlen – Botschaften, die dich im Alltag erreichen

Vielleicht hast du es selbst schon erlebt: Du schaust wie zufällig auf die Uhr und es ist 11:11. Oder du ziehst einen Kassenzettel aus deiner Tasche und die Summe endet auf 22,22. In solchen Momenten spürst du ein kleines Aufhorchen, als würde dich das Leben direkt ansprechen. Genau hier beginnen Engelszahlen – sie sind wie liebevolle Hinweise, die dich daran erinnern, dass du verbunden bist und dass du gesehen wirst.

Engelszahlen zeigen sich nicht, weil du krampfhaft nach ihnen suchst, sondern weil du bereit bist, sie wahrzunehmen. Sie sind keine „geheime Sprache", die man auswendig lernen muss, sondern eher eine Einladung, die feinen Schwingungen deines Alltags bewusster erkennen. Zahlen tauchen in vielen Formen auf – als Uhrzeit, Hausnummer, Autokennzeichen oder sogar in der Anzahl von Likes, die du auf einem Beitrag siehst. Entscheidend ist nicht, wo sie dir begegnen, sondern wie du dich im Moment ihrer Erscheinung fühlst und welche Gedanken gerade in dir lebendig sind.

Die Bedeutung einer Zahl entsteht immer im Zusammen-spiel zwischen dir, der Situation und dem Muster selbst. Wiederholungen wie 111 oder 222 verstärken die Energie einer Zahl, während Reihenfolgen wie 1234 einen Prozess von Entwicklung und Bewegung andeuten. Spiegelzahlen wie 1221 zeigen Balance und Ausgleich. All diese Muster sind nicht zufällig – sie können dir helfen, innezuhalten und zu erkennen, was in deinem Leben gerade wichtig ist. Nehmen wir als Beispiel die 111. Sie erinnert dich daran, wie kraftvoll deine Gedanken sind und dass es sich lohnt, auf das zu achten, worauf du deine Energie richtest. Die 222 schenkt Vertrauen, dass sich die Dinge in ihrem eigenen Rhythmus entwickeln, auch wenn du gerade ungeduldig bist. Die 333 ermutigt dich, deinem Herzen zu folgen und deine Kreativität auszudrücken. Und die 444 schenkt dir das Gefühl von Schutz und Erdung, wenn du dich unsicher fühlst. Jede Zahl trägt eine Botschaft, und sie alle möchten dich stärken und ermutigen.

Wenn dir eine Engelszahl begegnet, kannst du einen kurzen Moment innehalten. Frage dich: Was war gerade mein Gedanke? Welche Situation beschäftigt mich im Augenblick? Die Zahl wirkt wie ein Spiegel, der dir zeigt, was unter der Oberfläche schon da ist. Vielleicht ist es ein Impuls, mutiger zu werden, eine Entscheidung klarer zu sehen oder eine Veränderung zuzulassen.

Manchmal ist es hilfreich, diese Begegnungen aufzuschreiben. Ein kleines Notizbuch reicht völlig aus. Dort kannst du festhalten, wann und wo dir eine Zahl begegnet ist und welche Gedanken oder Gefühle in dir lebendig waren. Mit der Zeit erkennst du vielleicht wiederkehrende Muster – Zahlen, die dich über Wochen oder Monate begleiten, und Themen, die sich wie ein roter Faden durchziehen. So entsteht ein persönliches Zahlen-Tagebuch, das dir deine eigene Sprache der Engelszahlen zeigt.

Engelszahlen sind keine Schicksalsmaschine, die dir vorschreibt, was du tun sollst. Sie sind mehr kleine Hinweise, die dich in deinem Vertrauen stärken und dir Mut geben. Sie erinnern dich daran, dass du verbunden bist, dass du nicht alleine gehst und dass es immer Unterstützung gibt – auch dann, wenn du sie nicht sofort sehen kannst.

Am stärksten wirken Engelszahlen, wenn du sie nicht nur als Zeichen wahrnimmst, sondern auch als Einladung, etwas in deinem Alltag umzusetzen. Vielleicht bedeutet die 111 für dich, heute bewusst mit einem klaren Gedanken in den Tag zu starten. Vielleicht erinnert dich die 555 daran, einen Schritt in Richtung Veränderung zu wagen, den du schon länger im Herzen trägst. Oder die 888 schenkt dir die Motivation, deine Fülle nicht nur zu erwarten, sondern selbst Räume zu schaffen, in denen sie entstehen kann.

So werden Engelszahlen zu einer liebevollen Begleitung für dich, die dich nicht in die Zukunft drängt, sondern dich im Hier und Jetzt stärkt. Sie laden dich ein, achtsamer zu sein, deinen inneren Impulsen zu vertrauen und dich Schritt für Schritt klarer auszurichten.

38 555 444 222 111 333 66

ZAHLEN ALS WEGWEISER...

KAPITEL 5

…FÜR DAS KOMMENDE

2025–2030 IM SPIEGEL DER ZAHLEN

Die Zeitqualität der kommenden Jahre trägt ihre ganz eigene Sprache, und diese Sprache zeigt sich auch in den Zahlen. Wenn wir die Quersummen der Jahreszahlen betrachten, entdecken wir Hinweise, welche Themen uns kollektiv, aber auch persönlich begleiten können. Natürlich ersetzt das keine exakte Vorhersage, doch es schenkt uns ein Gefühl für die Energie, die im Hintergrund wirkt. Es ist ein wenig so, als würdest du das Grundthema eines Liedes kennen, bevor die einzelnen Instrumente einsetzen – du bekommst ein Gespür für den Ton, der mitschwingt.

Gerade die Jahre 2025 bis 2028 sind spannend, weil sie uns Schritt für Schritt in eine Phase des Übergangs, der Vertiefung und des Neubeginns führen. 2025 bringt mit der Quersumme 9 die Vollendung eines Zyklus. 2026 trägt mit der 10 die Energie eines neuen Anfangs, verbunden mit unendlichem Potenzial. 2027 öffnet mit der Meisterzahl 11 das Tor zu spiritueller Klarheit und Intuition. Und 2028 führt uns mit der 12 – reduziert zur 3 – zurück zu Freude, Ausdruck und schöpferischer Lebendigkeit.

Wenn wir diese Jahre als eine Abfolge betrachten, erkennen wir einen größeren Bogen: Abschließen, neu beginnen, ins Vertrauen gehen und schließlich das Leben wieder in seiner Fülle feiern. Es ist, als würde die Zahlenfolge selbst eine Geschichte erzählen – eine Geschichte, die dich ermutigt, mutig loszulassen, deine Träume klarer zu sehen und dir selbst treu zu bleiben.

Neben den Jahreszahlen gibt es auch sogenannte Portaltage, an denen sich eine bestimmte Zahlenqualität besonders verdichtet. Tage wie der 2.2. oder der 8.8. sind in vielen spirituellen Traditionen als „magische Tore" bekannt. Sie laden dich ein, deine Absichten klarer zu formulieren, deine Rituale bewusster zu gestalten und die Schwingung dieser besonderen Zahlen für dich zu nutzen.
Am stärksten wirken diese Impulse, wenn du sie nicht nur liest, sondern praktisch in dein Leben einbindest. Du kannst dir kleine Rituale an solchen Tagen schenken, deine Visionen aufschreiben oder bewusst innehalten, um die Qualität der Zahl zu spüren. So wird Zahlenmagie lebendig und zu einem Wegweiser, der dich in deinem Alltag unterstützt.

2025

DIE 9: VOLLENDUNG UND ERNTE

Die Quersumme von 2025 ist die 9, die Zahl der Vollendung. Sie lädt dich ein, alte Kapitel bewusst zu schließen und dein Leben von Ballast zu befreien. 2025 kann sich wie ein Erntejahr anfühlen: Was du in den letzten Jahren gesät hast, darf nun Früchte tragen. Gleichzeitig fordert dich die 9 auf, loszulassen, was nicht mehr zu dir gehört. Sie schenkt dir Mitgefühl, Weisheit und den Mut, in Frieden nach vorne zu schauen.

Frage dich: Was möchte ich im Vertrauen vollenden – und was darf ich mit Dankbarkeit hinter mir lassen?

2026

DIE 10: NEUBEGINN MIT POTENZIAL

2026 trägt die Quersumme 10. Diese Zahl verbindet die Kraft der 1 – Neubeginn – mit der 0 als Symbol für das Unendliche, das reine Potenzial. Dieses Jahr öffnet dir Türen. Es schenkt dir Chancen, wenn du bereit bist, mutige Schritte zu gehen. Die 10 erinnert dich daran, dass in jedem Anfang auch eine Verbindung zur Quelle liegt. Vielleicht entsteht für dich eine neue Richtung im Beruf, ein Herzensprojekt oder ein innerer Aufbruch. Die Botschaft dieses Jahres: Trau dich, mit klarem Herzen ins Neue zu gehen.

Frage dich: Welche neue Richtung ruft mich 2026 – und wo darf ich den ersten mutigen Schritt tun, um dem Herzen zu folgen?

2027

DIE 11: ERWACHEN UND INTUITION

2027 bringt die Meisterzahl 11 mit sich – eine besonders feine, aber kraftvolle Energie. Die 11 steht für Inspiration, spirituelles Bewusstsein und die Verbindung zu deiner inneren Stimme. In diesem Jahr kannst du dich tiefer mit deiner Intuition verbinden und deine Eingebungen ernst nehmen. Es ist ein Jahr, in dem du klarer erkennst, was wirklich zu dir gehört, und in dem sich innere Türen öffnen. Die Einladung lautet: Vertraue deinem inneren Wissen und lass dich von deiner Vision leiten.

Welche innere Stimme möchte dich 2027 führen – und wo darfst du den Mut haben, ihrer leisen, klaren Weisheit zu folgen?

2028

DIE 12 (3): AUSDRUCK UND SCHÖPFUNG

Die Quersumme von 2028 ergibt die 12, die sich weiter zur 3 reduziert. Damit schließt sich ein Kreis: Nach Vollendung (9), Neubeginn (10) und innerem Erwachen (11) folgt nun die Freude des Ausdrucks. 2028 möchte dich daran erinnern, dass das Leben auch leicht sein darf. Die 3 schenkt dir Kreativität, Humor und die Fähigkeit, dich selbst sichtbar zu machen. Vielleicht beginnst du zu schreiben, zu malen oder einfach mehr von deinem Herzen zu zeigen. Es ist ein Jahr, das dich einlädt, mit spielerischer Freude zu erschaffen.

Wie möchtest du dich 2028 ausdrücken – und was darf durch dich in Freude, Farbe und Lebendigkeit Gestalt annehmen?

2029

DIE 13 (4): TRANSFORMATION & FUNDAMENT

2029 trägt die Energie der 13, die sich zur 4 reduziert. Die 13 gilt in vielen Traditionen als Zahl der Transformation, weil sie Wandel und Erneuerung in sich trägt. Sie fordert dich auf, alte Strukturen zu überprüfen und neue, tragfähige Fundamente zu bauen. Die 4 schenkt dir Ordnung und Klarheit – doch in der Verbindung mit der 13 zeigt sie, dass Veränderung manchmal notwendig ist, um wirklich Stabilität zu finden. 2029 kann ein Jahr des Umbruchs sein, aber auch eines, das dir neue Stärke schenkt.

Wo in deinem Leben darf sich Altes wandeln, damit Neues auf einem stabilen Fundament wachsen kann?

2030

DIE 5: FREIHEIT UND VERÄNDERUNG

Die Quersumme von 2030 ergibt die 5 – die Zahl der Bewegung, des Abenteuers und der Freiheit. Nach den intensiven Jahren zuvor bringt die 5 frischen Wind. 2030 kann ein Jahr voller neuer Möglichkeiten werden. Vielleicht entdeckst du neue Orte, lernst neue Menschen kennen oder probierst mutig etwas aus, was schon lange in dir schlummert. Die 5 lädt dich ein, deine Komfortzone zu verlassen und mit Freude ins Unbekannte zu gehen. Sie erinnert dich daran, dass Leben bedeutet, in Bewegung zu bleiben.

Wohin ruft dich deine innere Freiheit – und welchen mutigen Schritt möchtest du wagen, um das Leben wieder in Bewegung zu bringen?

PORTALTAGE BEWUSST ERLEBEN

Neben den Jahreszahlen gibt es bestimmte Tage, die eine besondere Energie tragen. Manche von ihnen erscheinen fast wie kleine Tore im Kalender, die uns einen direkten Zugang zu Klarheit und Ausrichtung schenken. Sie sind Gelegenheiten, an denen du innehalten kannst, um dich bewusst mit deiner inneren Stimme und deiner Vision zu verbinden.

Der 2. Februar (2.2.) trägt die Schwingung der Zahl Zwei. Er erinnert dich an Vertrauen, an Balance und an die Kraft der Verbindung. An diesem Tag kannst du dich fragen, welche Beziehungen dir wirklich guttun und wie du dich selbst in Liebe und Klarheit begleiten möchtest.

Der 8. August (8.8.) ist ein weiterer kraftvoller Portaltag. Die Acht steht für Stärke, Manifestation und innere wie äußere Fülle. An diesem Tag darfst du dich mit deiner Schöpferkraft verbinden und dich bewusst für Fülle öffnen – nicht nur im Materiellen, sondern auch im Inneren. Es ist ein guter Moment, um dir klarzumachen, wo du noch kleiner spielst, als es deinem wahren Potenzial entspricht.
Auch wiederholte Ziffern wie 11.11. oder 12.12. verstärken ihre Botschaft. Sie wirken wie Erinnerungen des Lebens, dass du auf deinem Weg bist und dich auf deine innere Führung verlassen darfst. Gerade diese Portaltage kannst du nutzen, um einfache Rituale zu gestalten: eine Kerze entzünden, ein paar Zeilen in dein Journal schreiben, eine Intention für den kommenden Monat setzen.
Magische Tage erinnern uns daran, dass Zeit nicht nur etwas ist, das vergeht, sondern auch ein Gefäß, das besondere Qualität trägt. Wenn du dich an solchen Tagen bewusst öffnest, spürst du oft, dass das Leben dich trägt und dir Zeichen schenkt. Sie laden dich ein, dich tiefer mit deiner eigenen Vision zu verbinden, dir Raum für deine Träume zu nehmen und mit Vertrauen in das größere Ganze einzutreten.

ZAHLENKRAFT FÜR DEINE PROJEKTE, TRÄUME UND RITUALE NUTZEN

Zahlen begleiten dich jeden Tag, oft ganz still und unscheinbar, und doch tragen sie eine besondere Sprache in sich, die dich berühren und erinnern kann. Sie tauchen an Wegkreuzungen deines Lebens auf und schenken dir Orientierung, wenn du sie bewusst wahrnehmen möchtest. Gerade auf deinem Herzensweg können Zahlen zu kraftvollen Impulsen werden, die dir zeigen, dass du verbunden bist – mit dir, mit deiner Intuition und mit dem Rhythmus des Lebens, der dich stetig weitertragen will.

Wenn du dich auf diese Sprache einlässt, eröffnest du dir eine sanfte Möglichkeit, deine eigenen Träume klarer zu sehen und deine Schritte mit mehr Vertrauen zu gehen.

Zahlen sind nicht nur Wegweiser in den Rauhnächten oder Spiegel der Jahresenergie, sie können auch eine liebevolle Unterstützung in deinem Alltag sein. Sie schenken dir Struktur, Orientierung und Motivation, besonders dann, wenn du deine Projekte umsetzen oder deine Träume Schritt für Schritt ins Leben bringen möchtest. Zahlen erinnern dich daran, dass du geführt bist und dass es manchmal nur einen kleinen Impuls braucht, um weiterzugehen.

Wenn du ein neues Projekt beginnst, kannst du dir bewusst einen Tag mit einer passenden Schwingung aussuchen. Die Eins trägt die Kraft des Anfangs in sich und schenkt dir Fokus, Mut und Klarheit für das, was entstehen darf. Die Zwei erinnert dich daran, dich zu verbinden, in Balance zu bleiben und Hilfe anzunehmen, wenn du sie brauchst. Die Drei öffnet Türen für kreative Entfaltung und lädt dich ein, dich selbst zum Ausdruck zu bringen. Jede Zahl kann wie eine Verbündete an deiner Seite stehen, wenn du sie bewusst in deinen Prozess einlädst.

Auch für Rituale kannst du die Zahlenkraft nutzen und ihr dadurch noch mehr Tiefe verleihen. Vielleicht entzündest du drei Kerzen, um dich mit Freude, Licht und Ausdruck zu verbinden. Oder du wählst den achten Tag eines Monats, um deine Visionen aufzuschreiben, dich mit deinem inneren Wachstum zu verbinden und dich für Fülle auf allen Ebenen zu öffnen. Zahlen geben deinem Ritual nicht nur einen energetischen Rahmen, sondern senden deinem Unterbewusstsein ein klares Signal: Hier beginnt etwas Wichtiges, etwas für dich.

Manchmal reicht es schon, achtsam auf wiederkehrende Zahlen zu achten. Sie tauchen im Alltag auf, in Daten, Uhrzeiten, Nummernschildern oder in genau den Momenten, in denen du eine Erinnerung brauchst. Indem du sie wahrnimmst und dir ihre Botschaft bewusst machst, stellst du dich immer wieder in den Fluss deiner eigenen Ausrichtung und erlaubst dir, die Zeichen zu empfangen, die dich stärken und ermutigen.

Die Zahlenkraft erinnert dich daran, dass du schöpferisch bist und dass du deine Vorhaben nicht nur aus dem Kopf heraus planen musst. Sie lädt dich ein, auch dein Herz, deine Intuition und deine innere Weisheit mit einzubeziehen. Wenn du dich bewusst mit einer Zahl verbindest, spürst du ihre Energie — und genau das kann dir Kraft geben, dranzubleiben, auch wenn der Weg einmal steinig wirkt oder Zweifel laut werden.

Deine Träume brauchen manchmal nur eine kleine Erinnerung, einen liebevollen Anstoß, ein Symbol, das dich wieder zurück zu deinem Warum führt. Die Zahlen können dir genau das schenken. Sie sind wie kleine energetische Anker, die dich immer wieder daran erinnern: Du bist auf deinem Weg, du gehst deine Schritte, und du wächst mit jedem davon — geführt, unterstützt und voller innerer Stärke.

DEINE PERSÖNLICHE …

0 1 2 3 4 5

KAPITEL 6

MAGISCHE ZAHLENREISE

JEDE ZAHL ERZÄHLT EINE GESCHICHTE, DIE DICH STÄRKT

Zahlen begleiten dich nicht nur in den Rauhnächten, sondern überall in deinem Leben. Jede Zahl trägt eine eigene Energie, eine Botschaft, eine Erinnerung. Manchmal zeigt sie sich im Datum eines besonderen Tages, manchmal in einer Uhrzeit, manchmal in einem Traum. Wenn du beginnst, diese Zeichen bewusst wahrzunehmen, wirst du merken, dass sie wie kleine Geschichten sind, die dich begleiten.

Die Eins erinnert dich daran, mutig den ersten Schritt zu gehen. Die Zwei zeigt dir, wie wertvoll Begegnung und Vertrauen sind. Die Drei öffnet dir die Türen zur Freude und Kreativität. Jede Zahl ist wie eine Freundin, die dich auf eine ganz bestimmte Weise stärkt. Gemeinsam bilden sie ein Geflecht an Erfahrungen, das dich daran erinnert: Du bist getragen, geführt und verbunden.

ZAHLEN ALS SPIEGEL, FREUND UND WEGWEISER IM ALLTAG

Zahlen sind wie Spiegel – sie zeigen dir, wo du gerade stehst, und sie geben dir Impulse, wohin du gehen kannst. Sie sind Freunde, die dich daran erinnern, nicht aufzugeben, sondern deine Schritte bewusst zu setzen. Und sie sind Wegweiser, die dir Orientierung geben, wenn du unsicher bist.

Manchmal taucht eine Zahl genau dann auf, wenn du zweifelst, und sie schenkt dir Vertrauen. Manchmal zeigt sie sich, um dich daran zu erinnern, dass du bereits alles in dir trägst, was du brauchst. So werden Zahlen zu einer stillen Begleitung und wirken sanft und bestärkend.

Wenn du sie in deinen Alltag einlädst, kannst du sie als kleine Anker nutzen: beim Aufschreiben deiner Träume, beim Planen deiner Projekte, in deinen Ritualen oder einfach im stillen Wahrnehmen. Sie werden dich immer wieder daran erinnern, dass dein Leben einen Rhythmus hat – und dass du selbst im Einklang mit diesem Rhythmus wirken kannst.

EIN ABSCHLUSS-MANTRA FÜR DEINEN HERZENSWEG

„Ich öffne mich für die Sprache der Zahlen.
Ich erkenne ihre Kraft als Spiegel,
Freund und Wegweiser.
Ich vertraue darauf, dass jede
Zahl mich ein Stück tiefer
zu mir selbst führt.
Mit Freude und Klarheit
gehe ich meinen Weg –
Schritt für Schritt,
Zahl für Zahl.“

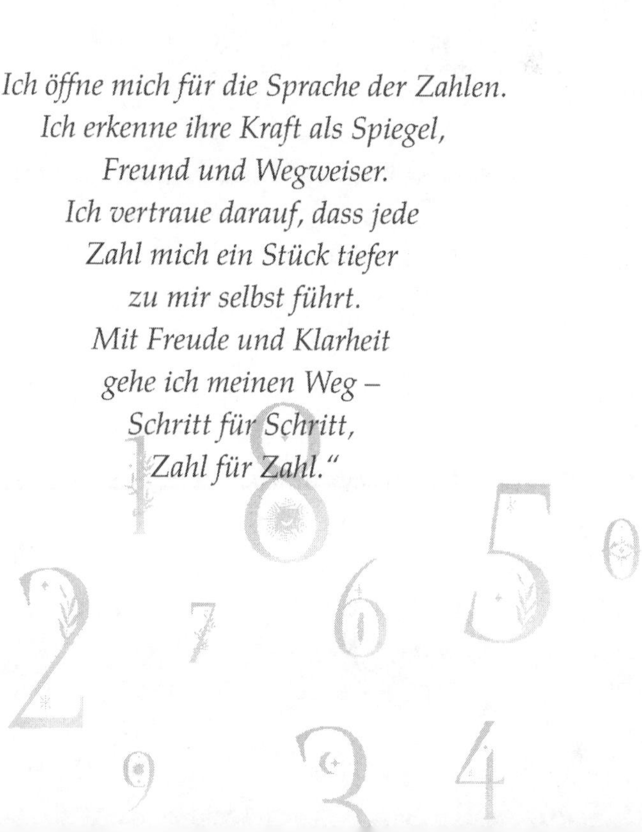

NACHWORT
DU BIST AUF DEINEM WEG

Wenn du dich der Sprache der Zahlen öffnest, beginnst, dein Leben auf eine neue Weise zu betrachten, denn du spürst, dass alles miteinander verbunden ist und dass dich jede Erfahrung ein Stück weiter zu dir selbst führt. Die Zahlen können dir Mut machen, gerade in den Momenten, in denen du glaubst, stehenzubleiben oder nicht ausreichend zu sein, denn ihre Botschaft ist immer eine der Ermutigung und des Vertrauens: Du bist bereit, du bist auf Kurs, und du darfst dir selbst glauben. Vielleicht gibt es Tage, an denen du zweifelst, an denen sich dein Weg noch nicht klar zeigt oder du das Gefühl hast, die nächsten Schritte nicht greifen zu können – und gerade dann können Zahlen wie kleine Lichtsignale sein, die dir den Weg zurück zu deiner inneren Stimme zeigen und dich daran erinnern, dass du geführt wirst, auch wenn der Weg noch nicht sichtbar ist.

Du darfst darauf vertrauen, dass jede Zahl, die dir begegnet, eine Botschaft trägt, die dich stärkt, und dass sie deine Entfaltung liebevoll begleitet, selbst dann, wenn du dich noch nicht vollständig bereit fühlst, denn in dir liegt ein tiefes Wissen, eine schöpferische Kraft, die nur darauf wartet, von dir geatmet und gelebt zu werden. Lass dich von den Zahlen daran erinnern, wie weit du bereits gekommen bist, und erlaube dir, voller Zuversicht weiterzugehen, Schritt für Schritt, getragen von deinem Herzen und von der liebevollen Begleitung des Universums. Dein Weg gehört dir, und er darf sich in deinem Tempo entfalten, im Einklang mit dem Rhythmus deiner Seele und all dem Zauber, der sich zeigt, sobald du dich dafür öffnest.

Wenn du spürst, dass du noch tiefer eintauchen möchtest in

deine ganz persönliche Verbindung zu den Zahlen, zu den Zyklen des Jahres und zur Magie der Rauhnächte, dann bist du eingeladen, dich auch weiterhin begleiten zu lassen: Auf *rauhnaechte.michaelalamprecht.at* oder auf Instagram unter *@rauhnächte.mit.michaela* findest du inspirierende Impulse, liebevolle Erinnerungen und Wegbegleitung, die dich dabei unterstützen, in deinem Vertrauen zu bleiben und die Kraft deiner eigenen Schöpferenergie immer bewusster zu leben, und ich freue mich von Herzen, wenn wir uns dort verbinden und du dir erlaubst, mit noch mehr Leichtigkeit, Freude und innerer Gewissheit deinen Herzensweg zu gehen, denn du bist hier, um zu leuchten, zu wachsen und deine Träume in diese Welt zu bringen.

Wenn du das Gefühl hast, noch tiefer in das Wissen der Zahlen eintauchen zu wollen oder wenn du deine Lebensthemen auf Basis der Zahlen besser verstehen möchtest, findest du bei *Petrarca Bohlender* wertvolle, fundierte Informationen rund um dieses faszinierende Thema. So kannst du deine Reise mit den Zahlen nicht nur intuitiv, sondern auch mit einem klaren, umfassenden Verständnis bereichern.

Darüber hinaus bietet sie auf *heilerpraxis.net* tiefgehendes Know-how zur Pentalogie sowie detaillierte Analysen an, wenn du dich in diese Richtung vertiefen möchtest – mit Struktur, Fachwissen und individuellen Betrachtungen für deinen persönlichen Weg.

Sonnige Herzensgrüße
Michaela Lamprecht ♡

ÜBER DIE AUTORIN

Hallo, ich bin Michaela Lamprecht – Autorin, Mentorin, Mama von fünf Kindern (drei davon schon erwachsen), und leidenschaftliche Begleiterin durch die Rauhnächte als auch viele andere Lebensphasen. Ich lebe mit meiner Familie und unseren Alpakas auf einem kleinen Hof in der Steiermark – ein Ort, der so bunt und vielseitig ist wie mein Leben selbst.

Mein Weg war nie linear – und genau das liebe ich.

Angefangen bei Naturheilkunde und Kräuterkunde über energetische Heilmethoden wie Reiki, Heilen mit Zahlen bis hin zur Persönlichkeitsentwicklung und spirituellen Begleitung – ich habe immer danach gesucht, wie wir als Menschen wieder näher zu uns selbst finden können. Ein persönlicher Tiefpunkt hat mich zum Schreiben gebracht. Daraus entstand mein erstes Buch „Bring mehr Happy in dein Leben" – und damit der Beginn eines völlig neuen Kapitels.

Die Rauhnächte sind für mich eine ganz besondere Zeit. Eine Einladung, innezuhalten, in die Tiefe zu gehen und zu spüren, was wirklich zählt. Journaling, Meditation und das Vertrauen in die Zeichen des Lebens sind heute feste Bestandteile meiner Arbeit – und auch meiner eigenen Praxis. Ich begleite Menschen durch Bücher, Kurse und Mentorings, immer mit dem Ziel, dass sie ihren ganz eigenen Weg finden – im Alltag, in der Spiritualität, im Leben. Ihr Bewusstsein zu verändern und zu erkennen, das sie die "Createur:in" Ihres Lebens sind.

Was ich glaube?

Dass jede:r in sich bereits alles trägt, was es braucht. Dass es manchmal nur einen Impuls braucht, um den eigenen Zugang

wiederzufinden. Um die Zeichen wieder zu erkennen aber vor allem auch Ihnen zu Vertrauen. Und dass wir viel mehr geführt sind, als wir denken.
Wenn du Lust hast, tiefer in meine Arbeit einzutauchen: Auf rauhnaechte.michaelalamprecht.at
findest du viele Impulse rund um die Rauhnächte, Jahreskreis, Moontime, das Räuchern und die Magie dieser besonderen Zeit.

Hey...
...und wenn in dir der Wunsch schlummert, ein *eigenes Buch im Selbstverlag zu schreiben* – ich begleite dich gern auf diesem Weg. Ob im Mentoring oder in einem meiner Kurse: Gemeinsam machen wir dein Buchprojekt sichtbar und umsetzbar.

Nicht zu vergessen: Zum Buch findest du ein kleines Goodie – ein praktischer Überblick über die Zahlen und die einzelnen Tage. Vielleicht ist es genau das, was dir den Einstieg erleichtert.
Schau dazu einfach auf rauhnaechte.michaelalamprecht.at vorbei. Ich freue mich auf dich.
Sonnige Herzensgrüße an Dich.

Michaela Lamprecht

Einen Bonus zum Buch findest du hier:

Besuche mich auch gerne auf Social Media:
@rauhnaechte.mit.michaela - *Instagram*

Weitere Bücher der Autorin:
Bring mehr Happy in dein Leben
Rauhnächte eine magische Reise zu dir selbst
Rauhnächte Journal - mit Selbstliebe Fokus durch dein Jahr
Rauhnächte Journal - mit der Energie der Mondin durch dein Jahr
Besuche mich einfach auf meiner Autorinnenseite auf Amazon und folge mir gerne, wenn du meine Bücher magst.

WEITERLESEN

EMPFEHLUNGEN FÜR DICH

Wenn dich die Welt der Zahlen weiter begleitet, findest du hier inspirierende Bücher, die dir vertiefende Impulse geben können. Manche bieten eine praktische Einführung, andere öffnen den Raum für intuitives Erleben. Fühle dich eingeladen, das auszuwählen, was dich anspricht:

Janina Gruber: *Numerologie – Wie du durch die Magie deiner Geburtszahlen dein wahres Potenzial lebst*
Ein einfühlsamer Einstieg in die Welt der Geburtszahlen mit viel Raum für Selbsterkenntnis.

Ignacja Glebe: *Das kleine Buch der Numerologie*
Ein kompakter Begleiter mit klaren Erklärungen und liebevoller Darstellung der Zahlenqualitäten.

Daniel Hasler: *Lebenszahlen – Einführung in die Numerologie*
Eine verständliche Einführung, die die Grundzüge der Zahlenmystik praxisnah erklärt.

Diethard Stelzl: *Symbolik und Mystik der Zahlen*
Ein tiefergehender Blick auf die spirituellen Hintergründe der Zahlen aus ganzheitlicher Perspektive.

Hans Müller: *Die Pentalogie – Der Weg zur inneren Harmonie*
Ein zentrales Werk über das System des Zahlensterns nach der Lehre der Pentalogie. (*vergriffen - Urvater Pentalogie*)

Diese Empfehlungen ersetzen kein eigenes Erleben, sondern möchten dir als Impuls dienen – so wie auch dieses Buch eine Einladung ist, deine ganz eigene Verbindung zur Zahlenmagie zu entdecken.

ZAHLEN SIND DIE WEGWEISER DES KOSMOS – SIE FÜHREN DICH ZURÜCK IN DEINE EIGENE MITTE..

Printed in Poland
by Amazon Fulfillment
Poland Sp. z o.o., Wrocław

62207411R00087